中 国 工 会 创 新 工 作 法

“3+4”工作法

职工心理关爱的普惠化服务

北京市总工会———编著

中国工人出版社

中国工会创新工作法
丛书编委会

“3+4”工作法：
职工心理关爱的普惠化服务
编委会

出版说明

改革创新是时代发展的最强音，也是工运事业蓬勃发展的不竭动力。习近平总书记高度重视工会改革创新，强调要继续深化工会改革和建设，牢固树立大抓基层的鲜明导向，夯实基层基础，激发基层活力，不断增强基层工会的引领力、组织力、服务力。

为深入学习宣传贯彻习近平总书记重要讲话精神，推动中国工会十八大部署落地落实，促进工会工作品牌化和创新化建设，中华全国总工会策划出版“中国工会创新工作法”丛书，推出一批反映工会工作创新的典型工作法，提炼可复制、可推广的工会改革创新经典案例，集中展示中国工会改革创新实践。

从书收入的工会创新工作法，是各级工会坚持问题导向、目标导向，加强工会工作理念创新和方式方法创新的优秀代表。提炼这些工会创新工作法，既是工会组织将经过实践检验的工作经验提升到方法论层面的有益尝试，也可以为其他领域工作开展提供经验参考，推动各级工会进一步加强实践创新、理论创新和制度创新，不断绘就中国工会改革创新的新图景。

在出版丛书的同时，中国工人出版社还运用数字化手段，配套开发了工作法视频课程，开辟了线上学习专区，借助学习平台促进工会创新工作法直达广大工会干部。希望丛书的出版能为工会工作创新搭建一个交流平台，促进更多工会创新工作法的产生，共同推动工会工作高质量发展。

目录

引　言

以习近平同志为核心的党中央明确提出，没有全民健康，就没有全面小康。全面建成小康社会，必然要求全民健康，即全面提高人民的健康水平。全民健康是人的全面发展的客观要求，也是人民群众的共同梦想。

党的十八大以来，党和国家高度重视心理健康促进工作。党的十九大提出，加强社会心理服务体系建设，培育自尊自信、理性平和、积极向上的社会心态。党的二十大提出，推进健康中国建设。重视心理健康和精神卫生。职工心理关爱工作符合党和国家的整体战略部署，也是新时代企事业单位和职工发展的现实需要。

工会是党联系广大职工群众的桥梁纽带。解决广大职工面临的现实问题和突出问题，是党交给工会的重要职责，也是新时代工会工作的出发点与落脚点。工会加强心理服务，让职工获得更多的心理支持，是构建和谐劳动关系的必要举措。

北京市总工会职工心理关爱服务工作作为在全市工会系统叫响做实的品牌服务，经过近十年的工作实践探索和不断完善调整，总结出一系列经验做法，可以概括为“3+4”工作法。“3”是指市、区（局/集团）、基层三级工会组织，职工心理关爱工作的管理体系架构完善且运行规范，将职工心理关爱工作作为工会的一项战略性、系统性、专业性、持续性的工作来谋划和实施，建立健全相关工作制度和管理办法，形成常态化的职工心理关爱服务工作机制；“4”是指四项服务内容体系完备，即职工心理服务阵地建设、职工心理服务内容设计、职工心理服务人才队伍培养、职工心理服务线上平台打造，四项服务内容是在精准贴合各阶段职工需求和各行业组织特点的基础上摸索梳理出来的。

北京市总工会拓展服务维度，创新服务理念，丰富服务内涵，增强服务实效，逐步树立起职工欢迎、组织信赖的“职工心理关爱”服务品牌。

第一章

“3+4”工作法的背景和意义

随着我国信息技术的日新月异和经济社会的快速发展，职工的心理压力感和焦虑抑郁情绪不断增强，他们对于心理服务的需求也越来越强烈。职工心理关爱工作符合党和国家的整体战略部署，也是新时代企事业单位和职工发展的现实需要。

一、心理健康促进工作受到党和国家重视

党的十八大以来，党和国家高度重视心理健康促进工作。在党的十九大报告中就提到，加强社会心理服务体系建设，培育自尊自信、理性平和、积极向上的社会心态。党的二十大提出，推进健康中国建设。重视心理健康和精神卫生。国家“十四五”规划明确了关于完善心理健康服务体系的要求，其中有四处涉及“心理”，凸显国家对心理健康工作的重视。在《健康中国行动（2019—2030年）》中，国家提出15个重大专项行动，其中之一就是心理健康促进行动。由此

可见，国家对心理健康的重视程度前所未有，心理健康促进已成为党和国家的重要战略部署。

（一）全面提高人民的健康水平

以习近平同志为核心的党中央明确提出，没有全民健康，就没有全面小康。全面建成小康社会，必然要求全民健康，即全面提高人民的健康水平。全民健康关系到个人与家庭的幸福，是人的全面发展的客观要求，也是人民群众的共同梦想。只有每个人都拥有健康的身体，才能为社会创造更多的价值，实现中华民族伟大复兴的中国梦。全民健康和心理健康是密切相关的。在推进全民健康建设的过程中，需要同时关注身体健康和心理健康，加强心理健康教育，提高心理健康素养，建立健全的心理咨询和治疗体系。根据世界卫生组织的概念：健康不仅仅是指身体没有疾病或不虚弱，还指身体健康、心理健康以及良好的社会适应，心理健康是健康的重要组成部分。心理健康与身体健康相互促进，强健的身体有利于心理的健康发展，心理健康又是身体健康的重要影响因素，加强心理健康服务，不断提升人们的心理健康素养，是助力实现“两个一百年”奋斗目标和中华民族伟大复兴的中国梦的必然要求，也是工会维护广大职工心理权益的重要职责与使命。

（二）不断满足人民对美好生活的向往

党的二十大报告提出，增进民生福祉，提高人民生活品质，必须坚持在发展中保障和改善民生，鼓励共同奋斗创造美好生活，不断实现人民对美好生活的向往，不断增强人民的幸福感、获得感、安全感。加强心理服务是提升人民幸福感的重要途径，一方面，提升人们感受幸福，获得幸福的能力，鼓励职工通过创造性工作，充分发挥自身潜能，发展积极心理品质来体验幸福。另一方面，需要企事业单位时刻关注职工的心理感受，回应职工的心理需求，解决职工的心理困扰，切实增强职工的安全感、获得感、幸福感。

二、心理关爱工作是时代发展的必然选择

当前，我国处在社会主义现代化快速推进的时代，经济社会的快速发展变化，给人们的心理产生强烈的影响和冲击。由于各种利益诉求以及思维观念和行为方式的多样化，由心理问题引起

的社会矛盾也日益增多。

（一）不断适应环境变化所带来的心理压力

当今时代，信息技术快速更迭，广大职工需要不断调整心理状态适应周围环境，这给他们带来极大的心理压力。过去，大部分人可以“择一事而终其生”，但在快速变化的今天，职工需要不断学习新知识，掌握新技能，适应新变化，随时做好转换赛道的准备，时常处于心理应激的状态之下。北京市总工会开展的“首都职工心理健康状况调查”显示，在广大职工面临的压力来源中，“需要不断学习新知识，以适应工作需要”连续七年排在职工压力源的前三位。

（二）内心的不确定感增加

伴随经济社会高速发展，再加上生活风险、社会风险、经济风险等风险的增加，职工对于未来的社会、工作、生活，内心的不确定感与失控感增强，进而焦虑、抑郁情绪频出。根据《中国国民心理健康发展报告(2019—2020)》显示，我国职场人群的心理健康状况不容乐观，存在不同程度的心理问题。其中，工作时间长、工作强度大、任务繁重、缺乏休息和娱乐等因素是导致职场人群产生心理压力和情绪问题的主要原因。此外，缺乏社会支持和人际关系也是影响职场人群心理健康的因素之一。另有数据显示，截至2021年底，全球新增超过7000万抑郁症患者、9000万焦虑症患者，失眠障碍者过亿。

（三）多元文化和价值观的影响

随着信息化和全球化的持续深入发展，多元文化以及多元价值观对人们既有的信念体系给予了较大的影响，也给人们带来强烈的心理冲突。不同文化及价值观的冲突和碰撞可能会造成意识形态上的分歧，使得个体在多元文化环境中感到迷失和困惑。如果个体缺乏相应的辨识能力和文化适应能力，就可能在这种多元文化的背景下感到压力和不安。例如，随着“90后”、“00后”逐步进入职场，奋斗观遇到了空前挑战，很多年轻人在工作中表现出较强的迷惘感和无意义感。2023年，北京市总工会在深入企业调研的过程中了解到，很多青年职工被问及希望通过心理服务获得哪些帮助时，“想更好地了解自我”、“自我的迷失”，不约而同的回答成为一个典型的心理现象。

三、专业心理服务是广大职工的现实需要

（一）应对变化的心理准备不足

面对日益复杂和不断变化的社会环境，很多职工从容应对的心理准备不足。究其原因，是因为他们缺乏必要的心理学知识储备，不能应用心理学解决工作生活中常见的心理困扰，例如，亲子关系问题、婚姻家庭问题、工作中的人际关系问题以及自身职业发展问题等，不能理解其中的心理学规律，从而适应或调整自己与他人的关系。例如，在北京市总工会调查研究的过程中，发现很多高学历、高收入的职工，其最大的心理压力来源是“亲子关系和亲子教育”，而来自“婚姻家庭关系”的心理压力排在第二位。还有些职工在遇有心理困扰或冲突时，不会科学地处理或解决，也没有寻找专业帮助的意识，有些人采取简单直接的情绪发泄方式，甚至采取恶劣的报复社会的行为发泄内心的不满。因此，普及相关心理知识，帮助广大职工提高心理素养是非常急迫而必要的任务。

（二）心理服务成为刚需

我国处在社会转型期，心理健康问题日益突出，因人际关系、就业问题、学业压力、情感变故等心理问题就诊的患者越来越多，职工对心理健康服务的需求越来越大，对心理健康服务的需求成为刚性需求。另有相关研究指出，有88%的受访者认为心理健康工作很重要，人们对于心理健康服务需求最高的是“自我调节”知识的获知，有53%的受访者表示需要懂得心理自我调节的方法；还有“教育孩子”、“人际交往”、“心理疾病防治”、“职业规划”和“婚姻家庭”等方面的指导。

（三）社会心理服务资源严重不足

当前，我国心理服务资源尚且不足，具体表现为：一是数量不足，相关研究提到，对“你觉得获得心理咨询服务是否便利”这一问题，有74%的受访者选择了“不便利”，只有26%的受访者选择了“便利”，这些都说明职工的心理健康需求与目前能够提供给他们的心理健康服务之间的差距较大；二是质量良莠不齐，近些年，媒体频频报出一些心理咨询机构收费标准与心理咨询师水平不成正比，有些心理咨询师甚至是短短几个月“速成”的，心理服务优质资源的获取比较困难；三是专业性有待提高。一些社会心理服务机构的专业性可靠性不强，还有一些心理服务机构的服务对象为“问题人群”或“病人”。但大量的职工基本属于健康人群，他们的诉求是通过心理疏导、心理调节，预防心理或行为问题的发生；或者用心理学知识提高生活品质和幸福感，但相关的服务机构尚且不足。

四、职工心理健康推动企事业良性发展

职工心理关爱工作的有效推进需要企事业单位党政领导的大力支持，其阻力主要是观念和认知的转变。很多企事业单位领导认为心理服务就是治疗心理疾病，这是职工个人的事情，跟单位没有关系；还有的领导认为投入资金、时间、人员做这项工作，增加了单位的负担，短期内并没有明显的效果，等等。但从实际效果来看，心理服务可以有效推动企事业单位的健康持续发展。究其原因如下。

（一）好心情也是生产力

20世纪二三十年代，著名的霍桑实验已证明员工的工作效率与其心理状态密切相关。实验的第一阶段称为照明实验，实验者一开始认为是工作中的疲劳和单调感会影响生产效率，于是改善了员工的照明条件和工作环境，以此提高工作效率，实验结果发现环境条件的改善与工作效率的提高没有太多关系。实验进入了第二阶段，即福利阶段，但实验者经过两年多的观察发现，不管福利待遇如何改变，包括工资支付办法的改变、休息时间的增减等，都没有对产量造成直接影响。最后，实验进入访谈阶段，就是实验者约谈部分员工，了解他们的内心活动。结果访谈计划持续了两年多，员工的产量大幅提高。究其原因，是员工长期以来对工厂的各项管理制度和考核方式存在许多不满，无处表达，访谈计划的实行恰恰为他们提供了畅所欲言的机会。表达过后的员工心情舒畅，士气高涨，从而使产量得到提高。

（二）好心态产生创新力

当前，各行各业的职工普遍面临着就业压

力、个人危机、感情纠纷、家庭不睦、人际矛盾等问题；同时职工在岗位调整、职级晋升、激烈竞争、家庭变故、亲人丧失、自然灾害等特殊时期，内心也存在产生极大心理波动的可能性。如果员工不能及时地得到科学的心理援助，调整好心理状态，便很难保持良好的工作状态，更无竞争力可言。竞争力来源于创新力，创新力的来源，除了拥有专业知识和技能之外，内在的心理动力也是根本因素。因此，员工的创新思维靠压力驱动，这是一种错误的认识。压力让员工能够做自己最熟悉的工作，做到极致，但员工若需要心智能力的自我超越，往往是在轻松愉悦的状态下才能实现。

（三）心理服务也是竞争力

随着需求的不断上升，心理服务逐渐成为许多企事业单位为职工购买的一项福利，通过专业心理服务，一方面帮助职工应对工作压力、情绪管理、团队人际关系、同事离职、部门裁员与组织变革等变化带来的心理困扰；另一方面帮助职工学习心理学规律，改善家庭关系、亲子关系、职场人际关系等；同时帮助职工培育积极的心理品质和乐观的心态，不断提升幸福感、获得感、安全感；增强职工的归属感、凝聚力，最终提高企业的竞争力。

五、心理关爱服务是工会工作的创新载体

（一）工会打造服务的品牌项目

中国工会的基本职责是维护职工权益，竭诚服务职工。服务职工需要有具体载体，需要从职工需求入手，精准服务职工。随着科学心理学知识的普及，广大职工对于心理服务的接受程度日益提升，对于心理服务的需求不断增强。工会在职工心理关爱方面开展了多项工作，旨在维护职工权益、促进身心健康、增强企业凝聚力和向心力等方面发挥作用。职工有所呼，工会有所为，为广大职工提供心理帮助，正是工会服务职工的重要手段之一。工会提供专业持续的心理帮助，努力打造服务职工的品牌项目。

（二）工会开展心理服务具有独特优势

工会开展职工心理关爱工作具有独特的优势，具体表现在：一是工会具有完整的组织体系。工会依托组织优势，将心理服务送到每位有

需求的职工身边。例如，北京市总工会依托各级工会组织，开展“职工心灵驿站”的评选命名工作。目前，“职工心灵驿站”覆盖全市 17 个区和 8 个产业工会。北京燕山石化公司、北京首钢股份有限责任公司、北京儿童医院等单位将心灵驿站建到了每个车间和科室，同时开展“职工心理疏导员”、“职工心理观察员”、“职工心理关爱大使”等培训，为每个心灵驿站配备专职人员，让每位职工都能便捷地获得心理关爱服务。二是工会可以从宏观层面改善职工的心理状态。工会一方面通过工资协商、民主管理、困难职工帮扶等改善职工环境；另一方面通过“五必访”、“六必谈”、职工文化建设、职工文体活动、我为职工办实事等活动，为职工提供人文关怀和心理救助，创造积极的组织环境。

（三）职工心理关爱丰富工会传统工作内容

心理学为工会的传统工作形式注入新的内容。例如，工会维护职工权益工作，除了提供必要的法律服务之外，工会还可以将工作前移，尽早通过分析职工的压力来源，找到企业管理工作中影响职工心态的客观因素，改善和优化职工的工作环境，预防劳动纠纷的发生，将劳动关系潜在的矛盾提前化解。职工民主管理工作不仅通过职工参与决策这种形式，还通过深化、优化职工代表讨论、职工代表座谈会、职工代表提案等，畅通职工沟通渠道，让职工表达不同意见，疏导职工不良情绪。在职工教育培训工作中，除了思想政治教育、技术技能教育的内容，工会还可以丰富职工心理素养的培训内容，不断提升职工心理调节能力。

第二章

“3+4”工作法的历程与思路

在政治、经济、文化高速发展的今天，构建和谐社会是一个长期的系统工程，既需要社会政治、经济、法律等制度的完善与保障，也需要社会主义核心价值观、伦理道德等精神心理的教化与支撑。一个和谐的社会，不仅在于社会基本秩序的安定，更在于人们精神世界的幸福。工会是党联系广大职工群众的桥梁纽带。努力解决广大职工面临的现实问题和突出问题，是党交给工会的重要职责，也是广大职工对工会的热切期盼，更是新时代工会工作的出发点与落脚点。工会加强心理服务，让广大职工获得更多的心理支持，是构建和谐劳动关系的必要举措。

一、首都职工心理关爱工作的发展历程

党的十八大报告强调，注重人文关怀和心理疏导，培育自尊自信、理性平和、积极向上的社会心态。在党的十九大报告中也同样提出，加强社会心理服务体系建设，培育自尊自信、理性平

和、积极向上的社会心态。为加强心理健康服务和健全社会心理服务，国家卫计委、中宣部、全国总工会等22个部门联合印发《关于加强心理健康服务的指导意见》。这表明，职工心理关爱工作已经引起国家的高度重视，工会作为党联系群众的桥梁纽带，积极地响应和实施职工心理服务工作。

（一）职工心理服务工作发展的起步

自2013年起，北京市总工会着手启动为全市广大职工提供全方位、高质量的心理发展促进服务项目，将“职工心理发展”作为促进职工职业发展与维护职工健康权益的服务手段之一。2013年，在北京职工服务中心大楼内选址，规划建设作为市总工会心理服务工作市级展示窗口的“北京市职工发展心理体验示范中心”；并先后对北京市朝阳区南磨房工会服务站、朝阳区建外街道工会服务站、丰台方庄地区工会服务站、北京太阳宫燃气热电有限公司职工之家、北京华贸素拉潘酒店发展有限公司职工之家等多地区、多行业工会服务阵地进行专项调研，为工会系统“职工心灵驿站”试点单位建设打下工作基础。

为更好地向基层工会推广职工心理发展促进服务工作，把握广大职工的心理健康水平与服务需求，作为落实市总工会职工心理服务工作的主责单位，北京市总工会职工服务中心为全市17个区县的346家工会服务站开展了10期专职工会社会工作者心理辅导能力初级培训；面向全市卫生系统、金融系统、工业国防系统等单位举办了9场“职工心理健康大讲堂”活动。

为更好地从精神层面关爱职工，提高职工适应社会发展的心理素质，在前期工作探索与调研的基础上，北京市总工会依托三级服务体系工作平台，确定北京市总工会职工服务中心作为落实此项工作的主责单位，明确将职工心理发展作为职工职业发展的重要组成部分，其定位是为全市职工提供以心理健康知识宣传普及、心理疏导、压力管理、情绪调节为主的健康心理提升服务。

北京市总工会以现代心理学为导向，开展的心理服务，以促进全市职工的心身健康发展为主要目标，建立及实施相关服务项目，是构建职工发展促进机制与深化工会服务职能接轨的重要表现，是党政机关、企事业单位管理人性化、高效化的必然选择，也是提升职工幸福指数，实现以人为本方针，建立和谐社会的需要。

北京市总工会启动的职工心理服务工作，与教育系统、卫生系统、专业心理机关等的心理工作既有相似性，又具备差异性。一方面，北京市总工会在全市基层工会服务站、职工之家分层级、分步骤地建立和完善职工心理发展促进服务场地，为职工提供专业的心理服务体验硬件设施，营造积极和谐、健康向上的心理氛围和工作环境，促进职工心身健康发展；另一方面，整合专业的心理资源，为广大基层工会干部开展心理学知识及示范性心理服务实操培训，为各行各业的职工开展心理健康讲座、团体心理辅导、心理健康测评等，帮助职工调节情绪，缓解压力，提升对心理健康问题的关注度和认知度。

（二）市级心理服务项目工作探索

“在职职工心理发展助推计划”是北京市总工会建立的一个长期系统工程，主要梳理提炼北京市总工会在开展职工心理服务初期的工作探索经验，也是为后续心理服务项目在全市工会系统全面开展做的有效铺垫。

1. 以实体化服务提升心理关注度

2014 年，北京市总工会策划筹建市级职工心理服务功能场地，并将其定位为全市工会系统引领示范性的职工心理发展促进体验场室。北京市总工会联合北京师范大学、中国科学院心理研究所等国家心理学产学研权威机构，共同规划工会系统心理体验示范中心的功能构成和建设方案。经过持续半年多的设计方案修改调整及装修装饰工程，2014 年 9 月，“北京市职工发展心理体验示范中心”建设工程竣工，并于当年年底正式对外开放。同年，经调研走访及研讨，北京市总工会在全市选树出四家“职工心理发展促进市级示范单位”，包含区级工会、街道工会、企业工会等，进一步助力其完善场地建设，逐步在各区域、各行业树立典范。

2. 以网络化体验强化心理认知度

2014 年底，北京市总工会完成“北京市职工心理体验服务系统”平台设计及搭建工作，此平台定位为为全市会员职工提供专业、便捷、多元的线上心理调适自助服务，平台内所有服务模块免费向公众开放。同时，平台与市总工会三级服务体系工会会员平台信息库互联互通，确保职工信息的安全性及准确性，通过系统大数据管理功能，还可实现心理健康测评数据的收集及分级管理，并根据数据分析需要和各级工会需求，在不涉及职工信息泄露的前提下，开展全市职工心理健康状况调查，同时协助各级工会出具职工团体心理状况调查报告，为相关工作的开展提供参考，明确方向。

3. 加强培训培养，构建人才队伍

2014 年，北京市总工会策划开展“送心理培训下基层”服务，指导金隅集团、一轻研究院、中建二局三公司、羊坊店中心小学、中石化北京石油公司、国家认监委信息中心、马家楼接济服务中心等单位，指导全市众多地区和行业同时开展心理讲座；策划实施各类心理专项培训项目，开展 3 期“社区（村）联合工会工作专题培训”、31 期“在职职工心理发展助推计划培训”、14 期“在职职工心理服务实操培训”等活动，为职工心理服务在各级工会工作中顺利推行奠定扎实基础。

4. 搭建宣传平台，打造工会品牌

2014 年 8 月，北京市总工会职工服务中心正式创建“首都职工心理发展”微信公众平台。作为市总工会职工心理服务提供、心理工作信息发布、科普宣传推广等的公益性心理服务平台与宣传的窗口，每周策划编辑发布心理相关推文，并不断提高内容质量。与此同时，北京市总工会职工服务中心联合中国科学院心理研究所等权威机构的心理专家团队，开展首都职工心理宣传科普书籍编制工作。编辑制作的心理口袋书、心理健康自助手册等受到各级工会及职工群众的广泛好评。

5. 汇聚专业资源，把控工作方向

为提高工会职工心理发展促进工作的专业度、科学性及有效性，自 2014 年起，北京市总工会职工服务中心多方调研，收集心理专业资源，汇聚专业能力强且热心工会公益事业的心理专家、心理讲师、心理咨询师、心理治疗师等，涵盖科研学术类、教学活动类、咨询辅导类、医学治疗类等，也为组建工会系统共享的职工心理服务专家团队做好初期储备。

（三）全市职工心理关爱工作示范引领

作为“在职职工心理发展助推计划”探索实践的成果转化，2015 年，北京市总工会正式推出“职工心理关爱服务”，并将此服务列为首都工会服务职工的十大品牌项目之一。北京市总工会职工服务中心作为项目责任部门，继续引领示范各级工会，全面开展职工心理关爱服务工作。几年来，从硬件建设到软件服务，从市级示范到基层建站，从专业提升到服务落地，始终以广大职工需求变化为导向，以促进组织和职工共同发展为目标、以“职工心灵驿站”建设运行为载体，坚持预防为主、以人为本，积极发挥工会组织作用，充分整合多方社会资源，带动各级工会全面关注职工的精神权益维护，因地制宜地开展职工心理关爱工作，年平均服务职工 500 万人次。全市工会为职工提供心理关爱服务的举措逐步加强，职工心理健康意识显著提高，职工的心理健康问题普遍得到了及时的关注和疏导，在促进劳动关系和谐、社会稳定发展方面起到了助力作用。

1. 市级心理体验示范中心与基层“职工心灵驿站”建设相结合，构建全覆盖的职工心理关爱服务阵地

“北京市职工发展心理体验示范中心”作为市总工会公益性心理服务场地面向全市开放，主要承载三项功能：一是作为全市工会建设职工心理服务阵地的样板参考；二是作为工会组织开展职工心理服务项目的示范基地；三是作为市总工会引领培养心理服务人才队伍的实训基地。

同时，“北京市职工发展心理体验示范中心”引领各级工会结合实际开展“职工心灵驿站”建设，是有效推进职工心理关爱服务工作的一项重要举措。

为了使工会心理服务覆盖到更多的基层职工，让各行各业职工在工作之余有一个调适身心、舒缓压力的绿色空间，自2015年起，以“以评促建”为目标，北京市总工会启动“职工心灵驿站”评选工作。截至2022年底，北京市总工会命名的“职工心灵驿站”达到360家，逐步构建起覆盖全市的职工心理关爱服务网点体系。同时，对命名的“职工心灵驿站”，在市总

工会、各区总工会、产业工会系统等范围内，结合各自实际，分别给予项目助推与资源支持，带动“职工心灵驿站”不断探索，使职工心理关爱工作长效规范地开展下去。

2. 线下与线上职工心理服务项目相结合，构建普惠制的职工心理关爱服务内容体系

近年来，市总工会面向全市工会会员和职工开展了以女性心理健康、婚姻家庭、亲子教育为主题的“三八节女职工心理关爱服务周”活动，以“情绪管理”、“压力调节”、“人际沟通”、“个人成长”为内容开展每月一主题的“职工心理服务开放日”活动，以及团体沙盘体验、亲子互动活动、现场心理咨询等多类别的公益示范性线下服务项目，满足职工多样化需求，同时引领各级工会结合实际工作参考运用，并探索个性化心理服务项目建设。

为了提高工会职工心理服务的普惠性与覆盖率，自 2020 年 1 月 1 日起，北京市总工会职工心理咨询热线正式开通。按照《北京市落实新型冠状病毒感染的肺炎疫情紧急心理危机干预指导原则的实施方案》，自 2020 年 2 月 1 日起，北

京市总工会职工心理咨询热线纳入全市疫情防控整体部署，7×24小时为全市职工及家属提供心理咨询援助服务。截至2023年6月，服务职工超过1.2万人次。同时，北京市总工会在“北京市职工心理体验服务系统”原有模块功能的基础上，定制不同主题的心理网络课程，并通过系统网页端、微信端，以视频的形式同步发布。2021—2023年，北京市总工会又分别增设“女性关爱”、“冥想训练”、“心理资讯”等模块，不断丰富系统服务内涵，优化平台功能体验。

3.对外整合资源与对内积极培养相结合，构建专业化的心理服务人才队伍体系

近年来，北京市总工会不断拓展工会职工心理服务专家资源，汇聚包括各大高校、医院、科研院所、社会机构等专业力量，一是助力市级心理示范项目运行，严格把控心理服务的专业水准与伦理要求；二是服务督导全市“职工心灵驿站”规范运行，助力驿站发挥实效；三是服务于全市工会组织，精准把握职工需求，提供专业支持。

同时，北京市总工会意识到，培养出一支工

会系统内部的职工心理服务人才队伍，是全市“职工心灵驿站”长效运行、首都职工心理关爱工作可持续发展的重要条件与基础保障。自2015年起，北京市总工会职工服务中心联合相关心理服务机构、心理专家团队，完成工会系统心理关爱课程规划、大纲制定、培训实施、教材编制等工作，内容涉及工会干部心理辅导能力培训、“职工心灵驿站”管理员培训、心理咨询师资质培训、心理危机干预师培训、职工心理健康促进专题培训等，逐步培养起一支精准把握职工心理需求的内部队伍，为全市“职工心灵驿站”良好运转、各级工会职工心理服务工作的有效开展，提供有力支持。

4. 心理知识普及与网络化服务相结合，构建全覆盖的云服务体系

在心理关爱“云服务”探索方面，北京市总工会搭建完成覆盖全市职工的“北京市职工心理体验服务系统”，结合运行实际和职工服务需求，逐年完善调整服务模块及服务功能。2017年初，将网页端服务功能接入“首都职工心理发展”微信端，让全市职工随时随地可以利用移动设备体

验各项服务功能，包括现场心理咨询的预约等服务，均可通过手机自助操作完成，进一步提升工会心理服务的覆盖面、便捷性和实效性。

另外，北京市总工会职工服务中心与劳动午报社形成长期合作，在《劳动午报》周末版开辟心理咨询专栏。多年来，每周分享心理咨询案例解读，通过专家的专业分析及建议，使广大职工能够正确对待工作与生活中的各类问题和困惑，建设积极正向的阳光心态，促进心身和谐发展。

5. 在全市范围内开展职工心理健康状况调查，探索更加科学持续的首都职工心理关爱服务机制

从 2016 年至今，北京市总工会职工服务中心与北京回龙观医院、北京师范大学心理学部、中国科学院心理研究所等权威专业机构合作，每年在全市范围内开展职工心理健康状况调查，形成首都职工心理健康状况调查报告，探索更加科学精准的职工心理关爱服务机制。同时，每年协助各级工会做好区域性、行业性职工心理健康数据分析与研究，形成专项职工心理健康状况调查成果。

二、首都职工心理关爱工作的整体思路

（一）理论指导

2021年12月24日，十三届全国人大常务委员会第三十二次会议通过《关于修改〈中华人民共和国工会法〉的决定》，新版《工会法》自2022年1月1日起施行。这次《工会法》的修订，其中一个最大的变化是将工会基本职责定位为“维护职工合法权益、竭诚服务职工群众”，即工会要从过去的维权型工会变为现在的“维权+服务”型工会。基本职责的改变，工会组织的工作重心、工作方式、工作内容都要相应地做出调整。面对职工多样化多层次的需求，工会组织必须全面提高服务的广度、深度、力度、精度和温度，切实增强职工的获得感、幸福感、安全感。

EAP是员工帮助（援助）计划（Employee Assistance Program）的简称，是从组织层面为员工提供的系统而长期的心理援助与精神福利项目。多年来，北京市总工会特别注重运用EAP理论赋能首都职工心理关爱工作。以便更好地

帮助职工和管理人员应对工作和生活中的挑战。EAP的核心理论是体现组织人文管理的精神，即关注人、尊重人、注重人的价值，帮助人面对困难，开发潜能，以及促进人的心理健康和成长。其核心目标是通过专业人员对组织的诊断、建议和对员工提供专业心理测评、心理咨询服务和针对性辅导培训等，改变人的状态与激活创造力，进而提升组织的效率和效能。

工会职工心理关爱服务借鉴EAP理论，贴合职工和组织双重需求，结合实际、多措并举、探索创新，团结联合社会资源和专业力量，提供多层次多样化心理服务内容，促进工会职工心理关爱服务进企业、进机关、进家庭。

（二）工作定位

近年来，随着国民心理健康促进工作的全面推进，北京市总工会将职工心理关爱服务工作的方向明确为服务于广大职工的心理素质与心理资本提升，加强人文关怀与心理疏导，引领树立积极向上的社会心态。换句话说，是把“关口前移”，弱化问题视角，侧重于预防视角与发展视角，关注广大职工的心理健康与发展问题。北京市总工会面向职工提供普及型、普惠制的优质心理健康服务，提高职工自我调适及压力管理能力，保持积极情绪，改善人际关系，和谐组织气氛，助推职工心理发展与完善，营造良好的工作氛围和环境，全面提升全市职工心身健康水平与幸福指数。

本着“需求导向，向前一步”的心理服务理念，以及“多措并举，人文关怀”的心理服务方式，针对职工的不同心理需求，设计多层次多样化的心理服务项目，不断健全服务机制，提升服务实效。总体来讲，工会职工心理关爱服务分为三个层级：一是面向广大健康职工群体，开展普适性科普宣传、心理讲座、专题培训、体验活动等；二是为有心理问题困扰的职工群体，提供团体成长小组或个体心理支持服务；三是针对少部分出现心理危机或已经出现心理异常的职工，提供个体支持的专业渠道，以确保其第一时间得到关怀和帮助。

明确职工心理关爱三个服务层级的具体措施与方法包括：

1. 加强健康人群的心理科普教育

心理健康知识能够提高职工素养，培养积极的心理品质。所以，做好科普宣传教育是开展职工心理关爱服务工作的前提。只有广大职工充分认识提高心理素养的重要意义，广大专兼职工会干部充分理解新时代工会开展职工心理关爱服务的必要性和紧迫性，才能更好地推动此项工作走深走实。

北京市总工会结合职工多样化的心理需求，采用线上与线下相结合的方式，推广多主题的心理健康科普教育活动，以满足职工的精神文化需求。通过开展心理讲座、心理沙龙，举办心理健康知识竞赛等体验活动，运用职工喜闻乐见的方式，全方位覆盖职工群体，普及心理健康的知识和技巧，倡导健康的生活方式，引导职工正确看待心理健康问题，让职工成为自己心理健康的第一责任人，减少对心理问题的偏见和刻板印象，增强职工在遇到问题时求助的意念和途径，提高预防服务的可及性。

2. 对存在心理困扰的人群开展针对性服务

每个职工的个体心理存在差异，所以形成的

心理状态和适应能力也不尽相同。心理问题也几乎是每个职工在任何时间点都有可能产生的。因此，北京市总工会在开展职工心理关爱工作的过程中，始终坚持具体问题具体分析，把广大职工的心理问题科学区别对待。

从心理学的角度分析，通常把职工的心理状态分为两种状况：心理正常和心理异常。心理正常包括心理健康和心理不健康，而心理不健康又细分为一般心理问题、严重心理问题和神经症性心理问题等；而心理异常包括精神分裂、心境障碍、应激相关障碍、人格障碍等病症。一般定义存在心理问题困扰的职工，指的就是那些心理正常，但是由于一时的生活压力或突发事件而导致心理不健康的人。基于此，北京市总工会广泛宣传职工心理咨询热线、现场心理咨询服务、团体体验活动等；策划开展与相关心理问题相应的线上、线下心理辅导课程，帮助职工科学看待并认识心理困扰，增强其寻求专业帮助的动力与决心，让有心理困扰的职工能够获取具有针对性的心理干预服务；对处于特定时期、特定岗位、经历特殊突发事件的职工，及时进行心理疏导和援助服务。

3. 对存在心理危机的职工及时关注并转介

对经历危机事件或通过心理筛查发现的存在心理危机或精神症状的职工，各级工会组织予以重视和密切关注，必要时开展有效的危机干预和转介工作。市、区、产业（局、集团、公司）层级持续进行工作联动，建设对有心理危机或精神症状职工的识别、干预与转介通道，清除职工寻求援助的障碍。同时，加强心理观察员队伍的专业化、系统化培养，定期开展相关培训，提升服务意识和工作能力，及时为有需求的职工提供资源渠道和心理支持，帮助他们及时接受专业治疗。另外，开展定期回访，关注职工情绪或精神症状恢复情况。

在提供心理帮助的过程中，北京市总工会特别注意在对心理异常职工实施干预和转介之前，尊重职工本人的自主权和家属的知情权。结合实际情况，在经过职工或家属同意的前提下，鼓励并协助他们做出可以积极影响其生活和心身状态的决定，尤其是面对存在高危或精神障碍的职工，帮助其本人及家属科学地认识其面临的心理问题，消除歧视和病耻感。

（三）工作目标

企业作为一个社会组织系统，是由每一位职工共同构成的。在经济社会高速发展的今天，职工的心理健康不仅事关个人和家庭幸福，也影响着企业的稳定和发展。提升职工心理健康水平，促进劳动关系和谐，是增强企业凝聚力和市场竞争力的一项迫切任务。在北京市总工会的指导下，企业开展人文关怀与心理疏导工作，就是积极探索有效促进职工心理发展的方式方法，使职工能够保持良好的心理状态。工会不仅服务于职工发展，也服务于组织运转。因此，工会在开展职工心理关爱服务工作时，需要从职工个人心理建设与组织优化管理的角度同时着手，相互促进。工会工作既要服务于职工需求，也要与组织目标有机结合，使职工心理关爱服务成为创新工会服务职能、提高企业管理效能、建设职工幸福型组织的有效手段。

北京市总工会开展职工心理关爱工作，首先注重营造以人为本的工作环境，给员工提供一个舒适安全的工作空间。通过人与环境相适应，提高职工的归属感、幸福感和心理资本，从而达到提高职工健康指数、和谐组织氛围、激发工作绩效的目的。

多年来，北京市总工会持续开展“职工心灵驿站”创建工作。“职工心灵驿站”作为紧张工作环境的氧吧、职工之家功能的深化、职工暖心驿站服务的丰富，在企业中发挥着“职工职业发展加油站”和“企业优化管理新路径”的作用。以“职工心灵驿站”为服务平台，引导职工学习并掌握关于心理健康的基本知识，有效地管理自己的情绪；引导职工正确认识压力，积极应对工作、生活的各种问题；引导职工，特别是青年职工积极践行社会主义核心价值观，将企业发展与个人发展相统一，制定职业发展规划；引导职工增强社会责任感和担当意识，爱岗敬业，团结协作，努力做好本职工作。

北京市总工会开展职工心理关爱工作，始终结合各地区各行业特点，服务内容关注职工个人成长和组织发展双重需求。各级工会在研究实施职工心理服务工作时，服务的内容与形式坚持具有普适性，也体现其独特性。在调查研究的基础上，充分了解不同地域的行业特征、组织特性、职工特点，按照职工需求导向、精准服务的工作目标，走符合组织特点与职工需求的心理关爱服务道路，确保相关工作的有效落地。

此外，北京市总工会特别注意，开展职工心理关爱工作不能独立于企业的日常活动之外，而是要侧重于如何找到两者之间的契合点。很多单位开展的文体或团建活动已形成模式和经验，丰富的活动也会帮助职工缓解压力，提升凝聚力，但是如何进一步促进个体成长及组织价值观形成，此时就可以融入心理学元素，在活动中激发职工的自我觉察和探索，使自己日常生活中的潜意识行为模式和情绪反应模式，逐渐上升到意识层面，与自己的日常行为结合，促进职工个人的成长与企业的发展同频共振。只有职工的心理健康了，工作积极进取了，才可能在企业内部营造和谐稳定的组织氛围，形成一支富有战斗力的队伍，从而推动企业高质量发展。

（四）融合发展

作为为全面建设社会主义现代化国家作贡献的一项重要工作，工会工作始终将职工心理关爱服务作为加强职工思想政治引领、助推企业良好运转、优化工会服务职能的有力载体，将工会工作始终与各单位的党建工作、企业文化建设有效融合，使心理服务成为助力职工成长、促进组织发展、维护社会稳定的有效手段。

1. 心理服务与党建工作的融合

将心理服务引入党建工作中，能够不断创新党建工作理念，丰富党建工作形式，更加有效地提升党建工作的深度和力度，更有利于组织管理目标的实现。工会职工心理关爱服务的主要内容体现在，对职工的人文关怀和心理疏导上，坚持“以人为本”的工作理念，在党建思想工作中充分尊重职工的个性特点和心理需求，形成不同的党建工作方法，通过满足职工被尊重、被重视以及自我价值实现的高层次需求，从而树立其正确的理想信念，从思想上增强其责任感和使命感，最大限度地激发其创新意识和创造精神，为企业党建工作注入新的活力。

工会在工作中的具体体现包括：通过建立并深化党组织书记接待日、特殊时期家访日、专题座谈交流、主题党日活动、日常微信沟通或电子邮件问候等多种形式，不断完善党组织联系关怀群众制度，拓宽职工诉求渠道，使职工的合理诉求得到充分反映。同时，不断提升党务政工干部的心理知识储备与心理辅导能力，在做好自身党务工作的基础上，发挥心理观察员、心理辅导师、心理咨询师的作用，强化党建工作的人性化、专业化发展。

在思想政治工作中运用心理学技术和服务，是构建和谐劳动关系的一个新理念和新课题。如何运用好这一新的工作方法，是北京市总工会始终思考的问题。北京市总工会在具体工作中坚持以职工为主导的理念，着眼于促进组织和个人的共同发展，使思想政治工作达到预期目标的最大值，从而获得持续发展的不竭动力。

2. 心理服务与企业文化建设工作的融合

企业文化是企业的灵魂，是企业核心价值观与竞争力的体现，是企业发展重要的软实力之一。企业文化实质上就是企业在与职工的长期交流互动中，达成理念和利益层面的一致性，使双方在情感上互相认同，在心理上彼此依赖，共同为企业发展而努力。良好的企业文化能够提高职工队伍的向心力、凝聚力和归属感，将职工个人的发展与企业的发展紧紧捆绑在一起。

随着现代社会的发展变化，职工队伍越来越年轻化，接收的信息更广泛多元，在组织中大多追求个性发展，渴望自我需求的满足与人生价值的实现，心理学技术和心理服务工作则可以成为助力现代企业文化建设的一种新举措。

一个尊重个性化发展、重视人性化管理的企业文化氛围，能够培养职工自我约束和自我管理的思想意识和行为模式，使他们能够在日常工作中自觉遵守规章制度，具有高度的责任心。多年来，北京市各级工会致力于让抽象的文化理念深入人心，充分发挥其应有的价值作用，同时借助各种载体，让企业文化真正“落地”。

具体来讲，一是努力提供安全可靠的保障，将劳动合同、社会保险等关系理顺，对职工困难给予及时帮扶和协调，使他们能够在岗位上踏实工作；二是加强民主监督和民主管理，通过合理化建议征集鼓励职工集思广益，使企业和职工时刻处于良性互动状态；三是开展心理关爱服务，充分贴合职工心理需求，通过多层次多样化的服务，调整职工压力和情绪状态。同时，北京市总工会组织职工参加团队建设活动、文化娱乐活动等，以增强职工的凝聚力和归属感，构建积极向上的组织文化氛围，从而对企业的整体绩效产生积极的影响。

3. 心理服务与工会工作的融合

中国社会发展进入新阶段，工会工作也在与时俱进，不断发展完善，持续探索创新。通过多年的工作探索与实践积累，北京市总工会也在持续有效地探索心理服务与工会工作两者之间的契合点，用心理学的最新成果为工会工作赋能，通过在多样化多层次的工会活动中，融入心理学的专业知识和技术，更好地激发职工的自我觉察，将自身日常生活中的潜意识行为模式和情绪反应模式，逐渐上升到意识层面，与自己的日常行为联结，从而促进内在成长与收获。

为了进一步提升工会服务的价值内涵，提供更加贴合当代职工需求的深层次服务内容，北京各级工会在日常工作中不断拓展创新，借助职工喜闻乐见的活动形式，将心理学元素融入其中，依据职工的身心特点，激发他们成长的内在需求，主动调整自我的认知与行为。例如在开展“手工制作活动”或“绘画减压活动”中，引导职工分享自己的作品，通过讲述作品背后的故事，职工自我表达的过程实际上就是梳理、觉察和宣泄情绪的过程；又如，在“健步走”、“运动会”活动中融入动作表达、团体合作等环节设计，在“瑜伽练习”、“茶道练习”中融入正念体验、音乐减压等多种方式。

另外，北京市总工会结合场室条件来设计服务内容，在常态化服务项目中，关注职工精神心理需求，增加心理辅导内容，如开展专题心理讲座、团体心理沙龙、个体心理咨询等服务，帮助职工缓解情绪压力困扰，提升心理素养和心理资本。同时，作为职工群众的“娘家人”和贴心人，充分利用好工会组织的民主协商机制、诉求表达机制、联席会议机制等，在工会业务工作中，引入心理辅导、心理宣泄、心理咨询等技术，解决好职工急难愁盼的现实问题，努力使心理关爱工作成为真正有温度的工会服务品牌。

（五）资源整合

职工心理关爱服务是一项专业性很强的工

作，可以说，服务的方式方法和质量水平直接影响到组织的发展和职工的幸福。单靠传统的工会工作方法和广大工会干部的满腔热情，是难以支撑和弥补在专业技术和服务维度上的不足的，甚至会出现工作偏差和危机处理不当的现象，造成不可挽回的后果。因此，从工作全局考虑，以问题和需求为导向，工会开展职工心理关爱工作有必要引入外部专业力量，整合多方资源，结合实际加以利用。

北京市总工会关于职工心理关爱活动的工作，通过以下方式整合社会资源：

1. 建立合作伙伴关系

职工心理关爱活动与相关企业和机构建立合作伙伴关系，共同开展心理关爱活动。例如，北京市总工会与心理健康相关的机构、医院或心理咨询中心建立合作关系，获得专业支持和技术帮助，同时其相关资源和专业优势能够更好地为员工提供心理关爱和支持。

2. 借助社会媒体平台

北京市总工会通过社交媒体平台向社会广泛宣传心理关爱的重要性和意义，吸引更多的社会资源参与和支持心理关爱活动。同时，也可以通过这些平台发布相关活动信息、分享经验成果等，加强与社会互动和交流。

3. 开展公益活动

组织公益活动，为职工提供更多的心理关爱和支持。同时，也可以借助这些活动，让社会各界了解和关注员工的心理健康问题，促进社会共同参与和关注。

4. 鼓励心理健康志愿者参与

北京市总工会鼓励心理健康志愿者参与职工心理关爱活动，让他们成为心理关爱活动的重要力量。这些志愿者可以在社区、学校、企业内部开展心理关爱宣传、教育培训等工作，以提高员工对心理健康的认识和意识，同时也可以为员工提供个体咨询、团体辅导等支持和服务。

总之，北京市各级工会通过多种方式整合社会资源，借助各方面的力量更好地为职工提供心理关爱和支持。同时，也注意建立良好的合作伙伴关系、加强宣传和推广、开展公益活动以及鼓励心理健康志愿者参与等方面的工作。

北京市总工会遵循以上工作原则，不断拓展

工会职工心理服务专业资源，多年来，汇聚了包括各大高校、卫生系统、科研院所、社会机构等多方专业力量，探索组建一支工会系统职工心理服务专家团队，并明确专家团队的主要职责：一是协助研讨论证工会相关心理工作政策法规，科学引领工会心理服务工作发展方向；二是服务督导全市职工心理服务阵地的规范运行，助力工会心理服务长效发展；三是协助工会定期开展专业调研，动态把握在职职工心理健康状况，明确工会职工心理关爱工作战略方针；四是协助开展工会系统内部心理人才队伍建设，培养专兼职心理服务工作者，促进内外部资源有机融合，优势互补；五是精准服务于各级工会个性化需求，结合实际提供专业支持与技术指导。

第三章

“3+4”工作法的体系建设

北京市总工会职工心理关爱服务工作作为在全市工会系统叫响做实的品牌服务，经过近十年的工作实践探索和不断完善调整，总结出一系列经验做法，可以概括为“3+4”工作法。“3”是指市、区（局/集团）、基层三级工会组织，职工心理关爱工作的管理体系架构完善且运行规范，将职工心理关爱工作作为工会的一项战略性、系统性、专业性、持续性的工作来谋划和实施，建立健全相关工作制度和管理办法，形成常态化的职工心理关爱服务工作机制；“4”是指四项服务内容体系完备，即职工心理服务阵地建设、职工心理服务内容设计、职工心理服务人才队伍培养、职工心理服务线上平台打造，四项服务内容是在精准贴合各阶段职工需求和各行业组织特点的基础上摸索梳理出来的。北京市总工会不断拓展服务维度，创新服务理念，丰富服务内涵，增强服务实效，逐步树立起职工欢迎、组织信赖的“职工心理关爱”服务品牌。

一、三级组织管理体系

北京市总工会职工心理关爱工作依托市、区（局/集团）、基层三级工会职工心理服务阵地运行，建立起自上而下、互联互通、各尽其职、融合发展的组织管理体系。

（一）市级心理体验示范中心的定位与职责

（1）作为全市工会职工心理关爱服务管理运行中枢。负责工会系统职工心理关爱服务体系的搭建与服务工作运行。

（2）负责全市职工共享心理服务平台搭建与宣传推广。建设工会系统共享的心理服务资源平台，积极宣传推广使用。

（3）作为全市工会建设职工心理服务阵地的样板展示。各级工会结合需求，预约参观体验及来访来电交流。

（4）作为全市工会干部提升心理服务能力的实训基地。全年开展系列专项培训，为各级工会培养心理服务人才队伍提供技术支持。

（5）作为全市工会开展职工心理服务项目的示范基地。日常面向全市各级工会及职工团体，提供多层次多样化示范性公益服务内容。

（6）搭建全市职工心理健康状况动态管理大数据库。利用大数据平台，对全市职工的心理现状及发展趋势进行监测与分析。

（二）区级（局／集团）“职工心灵驿站”的定位与职责

（1）作为本系统“职工心灵驿站”场室建设与服务运行的指导中枢。引领示范本系统单位开展“职工心灵驿站”相关服务工作。

（2）作为本系统职工心理工作的宣传推广平台，积极拓展共享资源。负责推广市级职工心理服务资源及挖掘本系统专业资源。

（3）作为本系统“职工心灵驿站”信息沟通与学习交流的平台。建立健全“职工心灵驿站”沟通交流机制，促进相互学习与借鉴。

（4）作为本系统工会干部提升心理服务能力的实训基地。结合实际需求，开展系列专项培训，为基层工会提供专业技术支持。

（5）作为本系统工会开展职工心理服务项目的示范基地。结合场地资源实际，提供多层次、多样化示范性公益服务内容。

（6）推广并利用好市级职工心理测评大数据库。结合实际需求，对本系统职工心理健康状况进行监测与分析。

（三）基层工会“职工心灵驿站”的定位与职责

（1）负责本单位“职工心灵驿站”场室建设与服务运行。

（2）负责在本单位宣传推广公益性职工心理服务资源。

（3）挖掘并利用好心理专家、心理机构等专业资源。

（4）负责本单位内部职工心理志愿者、心理观察员、心理辅导员队伍的建立与培训培养。

（5）负责本单位职工心理关爱服务项目的策划与实施。

（6）识别本单位有心理危机的职工，及时关心关注，必要时做好转介工作。

二、四项服务具体内容

（一）职工心理服务阵地建设

1. 建设目标

为带动全市工会关注职工的心理健康与全面

发展，做好职工的人文关怀与心理关爱工作，北京市总工会建成“北京市职工发展心理体验示范中心”以来，持续推进全市职工心理服务阵地建设工作，截至2022年，获评市总工会命名的“职工心灵驿站”，对全市各区、产业系统形成全覆盖。“职工心灵驿站”不仅是职工的心灵港湾，也是职工职业发展的加油站；是组织与职工的沟通纽带，也是引领职工树立积极向上社会心态的有效平台，对于工会职工心理关爱服务建立长效工作机制，加强职工心理服务阵地建设尤为重要。

2. 服务职能

中国特色社会主义进入新时代，我国社会主要矛盾已经转化为人民日益增长的美好生活需要和不平衡不充分的发展之间的矛盾。人民的美好生活需要由物质需要与心理需要共同构成。心理需要在个体的行为和目标实现过程中起着重要作用。“职工心灵驿站”以帮助职工塑造积极心态、提升幸福感为服务方向，坚持群体心理素养提高和个体心理疏导相结合，满足不同群体心理服务需求。

以“职工心灵驿站”为载体开展的职工心理

关爱服务，主要涵盖三个层次的服务职能：一是面向全体职工，做好心理健康科学普及和互动服务，提供心理发展促进教育、专题培训和自助体验等，形成常态化的服务工作机制；二是面向有心理困惑的职工群体，进行专业的心理辅导、调节和辅助心理体验，形成特色化的心理辅导机制；三是关爱特定人群，进行及时的心理干预、咨询以及转介服务，形成规范化的危机预警与干预机制。

3. 空间规划

“职工心灵驿站”场室建设结合各级工会场地条件及职工共性心理服务需求，突出功能导向，因地制宜地开展规划建设工作。按照其功能可划分为：展示宣传区、放松减压区、情绪调节区、冥想训练区、互动体验区、阅读视听区、自助测评区、个体支持区、团体辅导区等。作为“职工心灵驿站”场室规划与服务运行的划分，各单位在实际建设中随时借鉴参考。

（二）职工心理服务内容设计

工会心理服务内容设计既体现专业性，又与工会传统工作有机融合；既满足职工多样化的服务需求，又对全市各级工会系统开展职工心理服务提供示范参考作用；既体现普惠性，又满足特殊性。首都职工心理关爱服务以市级“心理示范中心”为引领，以基层“职工心灵驿站”为依托，面向全市工会会员和职工开展多类公益性心理服务。通过团体服务与个体服务、线上服务与线下服务相结合的方式，全面开展职工心理服务工作。首都职工心理关爱服务的内容包括职工心理知识科普、职工团体心理辅导、现场心理咨询服务、职工心理咨询热线、职工心理健康状况测评等。

1. 职工心理知识科普

北京市总工会开展职工心理知识科普是全面提升首都职工心理素养的有效方式。首都职工心理关爱服务主要通过以下几个方面的工作加强心理知识普及，引导职工树立“自己是心理健康第一责任人”的理念，提升自我关怀的意识。

（1）图文科普

通过文章、书籍、海报、宣传栏、文化墙、图书角等文字形式，传播心理健康知识。首都职工心理关爱服务通过配送《职工心理自助手册》、《职工心理咨询案例集（压力调适篇、情绪管理篇、亲子家庭篇）》等原创书籍，每周定期在官方微信推送心理科普文章，设计并发布心理宣传海报，借助单位宣传栏、文化墙、图书角等宣传资源，以多种方式为职工提供自助资源。

（2）平台科普

通过心理服务网络平台，传播心理健康知识。首都职工心理关爱服务通过创建“首都职工心理发展”微信公众号、“首都职工服务云课堂”官方视频号，搭建“北京市职工心理体验服务系统”，充分借助多种网络平台资源，为职工提供自助式的心理测评、心理课程、心理减压、心理干预等服务。

（3）体验科普

通过亲身参与、互动体验的方式，传播心理健康知识。首都职工心理关爱服务通过开放“北京市职工发展心理体验示范中心”，面向会员单位及职工团体提供预约式心理科普体验活动。借助“示范中心”科学有趣的仪器设备，在专业的技术引导下，通过放松训练、心理测评、冥想训练等互动体验服务，科普心理健康知识。

（4）活动科普

通过组织开展培训、讲座、团体活动等，传播心理健康知识。首都职工心理关爱服务将职工心理关爱工作与党建、工建、团建、企业文化建设等有效融合，针对职工心理特点与服务需求，定制符合职工需求的心理健康培训与讲座。同时，定期组织开展女职工心理关爱服务周、心理辅导开放日等团体活动，宣传最新的心理健康理念。

2. 职工团体心理辅导

开展职工团体心理辅导是首都职工心理服务的重要方式，即通过团体内人际交互作用，促使个体在交往中观察、学习、体验，认识自我、探索自我、调整改善与他人的关系，学习新的行为方式。

相比传统的“你说我听”式的讲座形式，团体心理辅导的互动性，职工的参与度更高，并且团体成员之间的彼此连接与相互启发，能够促进职工的自主察觉与反思，更好地帮助职工解决具有共性的心理困惑，提升心理能量。丰富的活动主题满足了各行各业职工多样化的服务需求。

（1）职工心理辅导开放日

首都职工心理关爱服务定期面向全市工会会员单位开展“职工心理辅导开放日”活动。活动每月设置不同的主题，心理专家以新颖的课程设计，带领职工共同探讨体验主题内容，促进职工彼此启发、相互支持，提升心理能量，塑造积极心态，在良好的团队氛围中收获自我成长。

（2）线上职工心理辅导开放日

首都职工心理关爱服务积极创新服务形式，面向职工开展线上团体心理辅导活动。活动以微信群的形式开展，心理专家带领群内职工共同探讨关注的问题。

（3）女职工心理关爱服务周

每年“三八”妇女节期间，首都职工心理关爱服务面向全市工会会员单位开展“温情三月、呵护心灵”女职工心理关爱服务活动。活动邀请备受女职工喜爱的心理专家，针对女职工心理特点与服务需求，开展包括以女性心理健康、婚姻家庭、亲子教育为主题的团体心理辅导活动，帮助女职工调节压力，增强自信，保持积极乐观心态，平衡职场与家庭。

具体来讲，团体心理辅导的主题包括：

序号	专题名称	课程名称	课程简介
1	艺术疗愈体验	正念减压工作坊	以沙盘、音乐、绘画、舞动、心理剧等元素为媒介，通过体验式团体辅导的形式，在心理专家的引导下，让职工将听觉、视觉、体能、触觉等作为身心互动的一种心理体验，投射出心理状态，并在心理专家指导下缓和内心情感冲突，提升自我认知，提高自我觉察，改善人际关系，缓解心理压力。
2		“画”解压力——投射绘画心理减压技巧	
3		沙盘游戏疗愈	
4		身心减压舞动团体	
5		释放压力，拥抱自我	
6		音乐放松减压	
7		催眠技术在生活中的应用	
8		鼓圈团体	
9	亲子互动体验营	亲子教育中的情感联结	通过各类亲子互动体验的方式，在轻松活跃、互动性强的氛围下，让家长和孩子共同参与、一起成长，促进亲子关系，实现身心健康。
10		如何鼓励孩子	
11		如何合理要求孩子	
12		如何促进亲子关系	
13		聚焦亲子关系	
14		聚焦亲密家庭关系	
15		父母如何与青春期的孩子说“不”且能与孩子交心	

续表

序号	专题名称	课程名称	课程简介
16	高效沟通技能训练	三种沟通模式与有效沟通	通过高效沟通的体验和技能训练，帮助职工提升沟通效能；可以从容处理各种人际冲突，提升沟通表达和维护关系的能力；面对他人的抱怨或倾诉，从做评价、提建议、讲道理，转变为倾听、理解、陪伴，可以初步疏导他人的情绪问题，收获更加亲密的人际关系。
17		人际关系中的三种心理地位	
18		人际沟通中的安抚	
19		化解人际冲突	
20		高效沟通技能提升	
21	压力与情绪管理能力训练	压力调节团体活动	通过压力与情绪管理体验式团体辅导，让职工通过语言或者非语言的表现形式释放内心压抑的情感，觉察自我的情绪、认知，并同外界建立良好的人际互动，有效改善职工的情绪，减轻心理压力，提高心理健康水平。
22		职工减压训练营	
23		情绪的疗愈	
24		情绪管理技术	
25		压力管理技巧	
26		叙事疗法体验	
27		心理测评分析	

续表

序号	专题名称	课程名称	课程简介
28	构建积极心态能力训练	人际中的积极自我认识	通过构建积极心态体验和训练，帮助职工用积极的心态建立系统思维，透过问题表象，探索内在本质，培养积极心理品质，开发心理潜能，提高自我认同，促进身心合一、知行合一，改善对他人的欣赏、满足和认知，提升幸福感指数，促进个人成长和社会发展。
29		个人成长探索	
30		认识我自己——自我成长课程	
31	萨提亚家庭互动体验	婚姻与恋爱	通过萨提亚模式的全面体验，让职工学习探索自我、读懂家人的方法，帮助自我和家人真正了解自己的情绪和需求，可以更准确地认识自我和家人；同时让职工认识并学习如何重塑一个和谐的家庭关系。
32		夫妻爱情如何保鲜	
33		婆媳如何和谐相处	
34		同心之旅——夫妻和谐沟通	

续表

序号	专题名称	课程名称	课程简介
35	团队建设	团队凝聚的心理活动课	通过团体心理辅导，让职工团体在放松、互动的氛围下，调动团体内人际交互作用，促使个体在交往中观察、学习、体验，认识自我、探索自我、调整改善与他人的关系，学习新的态度与行为方式，以促进良好的适应与发展的助人过程。
36		基于 DISC 的团队协作能力提升	
37		团队建设与合作	

3. 现场心理咨询服务

面对面地开展心理咨询服务，解决职工深层次的心理冲突，对预防心理危机行为问题、创建和谐氛围发挥着积极作用。北京市总工会面向全市工会会员，提供免费、专业、私密的一对一现场心理咨询服务，深入有效地消除职工的不良情绪和心理困惑。在专业的咨询过程中，职工和心理咨询师共同探讨，找出引起心理问题的原因，分析问题的症结，进一步探索摆脱困境、解决问题的条件和对策，恢复心理平衡，提高对环境的适应能力。

4. 职工心理咨询热线

心理热线具有及时性、匿名性、自控性、经济性、便捷性等优势，能够不受地域限制，随时为广大职工提供心理帮助。为了使全市职工能够享受免费、快捷、便利的心理咨询服务，北京市总工会职工心理咨询热线正式开通。在市卫健委的统筹下，市总工会职工心理咨询热线成为5条市属心理咨询热线之一，24小时为全市职工及家属提供心理咨询服务，为职工搭建心理疏导的有效渠道。

（1）咨询服务原则

工会心理咨询热线严格遵循EAP短程心理咨询原则。对于严重的心理危机和精神问题，发现后做到及时转介。

（2）咨询师伦理要求

第一，隐私保密原则。心理咨询师充分尊重来访者的隐私权，未经来访者知情同意，严禁将来访者的个人信息、咨询问题及相关信息透露给他人，不可利用上述信息谋取私人利益。对保密原则的例外情况做出具体规定：发现来访者有伤害他人的危险；不具备完全民事行为能力的未成年来访者称受到性侵犯或虐待；发现来访者罹患致命的传染性疾病具有危及他人的严重风险；法律规定需要披露的其他情况。

第二，客观公正原则。以公正的态度尊重和接纳每一位来访者，尽量保持中立、不评判，防止自身潜在的偏见、能力局限、技术限制等导致的失当行为。

第三，工作关系原则。保持良好的专业工作关系，不与来访者建立专业服务以外的关系，不将来访者转介给自己利益相关人。

（3）咨询服务技术要素

咨询服务遵循一般心理咨询服务的基本技术要求，主要包括：倾听、反馈、沉默、稳定、聚焦和问题解决。

第一，倾听。心理咨询师要专注地倾听来访者的倾诉，设身处地体会其经历和感受，并及时给予反馈。尽可能接纳来访者的情感体验，使其感到被理解、被重视、被关心。在此过程中，通过总结、澄清、释义等技巧达到预期的咨询效果。

第二，反馈。咨询师通过重述来访者所说的内容，向来访者强化对于倾诉内容和情感的共鸣，传递出对来访者的尊重与理解，帮助来访者从另一个角度看待其内心想法。当来访者表述不明，或为进一步深入了解来访者的情感体验，可就来访者的某个观点或话题进行询问和澄清。

第三，沉默。在热线咨询中，心理咨询师适时使用沉默方式，使来访者有时间去整理思绪或平复心情。

第四，稳定。当来访者情绪波动较大时，心理咨询师沟通的声音语调保持稳定、平和。转移来访者的注意力，引导其放松心情、稳定情绪，增强来访者的安全感。

第五，聚焦。当来访者倾诉的话题过于宽泛、发散，咨询师通过聚焦技术，引导来访者进行深入探讨。每次咨询重点关注一个问题。

第六，解决。解决此类问题的步骤包括：确定一个问题并将其拆分为多个小问题；选择其中一个小问题进行处理；设定目标，确保目标具体、可测量、可实现，具有关联性和限时性；头脑风暴制定多个解决方案；进行利弊分析，确定最佳解决方案；评估方法的有效性，如果效果不佳，及时更换其他解决方案。

5. 职工心理健康状况测评

职工心理关爱服务不能人云亦云，通过对个体或群体的心理状况进行客观、科学的评估，深入了解职工的心理特点及服务需求，增强职工心理健康关注意识，同时为首都职工心理关爱服务内容设计及各级工会心理服务工作开展提供有力依据，提高心理服务的科学性、精准性和有效性。

（1）引导职工自检，提高关注意识

组织和引导职工通过“北京市职工心理体验服务系统”或“首都职工心理发展”微信公众号的心理测评功能，进行专业便捷的自助式个体心理健康评估。让广大职工树立定期心理检测的意识，建立职工心理档案。

（2）定期开展测评，提供精准服务

北京市总工会充分利用“北京市职工心理体验服务系统”大数据统计及分析功能，定期开展职工心理测评工作，出具团体心理测评报告，动态掌握首都职工的心理状况与发展趋势。同时，在充分保护职工个人隐私的情况下，协助各级工会反馈所在系统职工心理健康测评整体分析报告，并以测评数据为支撑，创造性设计出符合特色的心理关爱服务内容。

（3）关注重点人群，提供早期干预

以心理测评为基础和前提，及时发现职工潜在心理问题，识别重点关注人群，为早期干预提供重要的线索和依据。对于职工而言，早期干预可以帮助他们克服困难，更好地适应工作环境和人际关系。

（三）职工心理服务人才队伍培养

1. 职工心理疏导员队伍的建立

在工会系统内，打造一支心理素质过硬、服务意识到位、具备心理专业技术的心理服务人才队伍，是首都职工心理关爱服务工作可持续发展的重要条件与基础保障。一方面，北京市总工会不断拓展工会职工心理服务专家资源，汇聚了包括各大高校、医院、科研院所、社会机构等多方专业力量，组建了一支服务工会职工心理服务专家团队。另一方面，根据首都职工心理关爱服务工作定位与服务需求，面向工会干部开展系列培训。

外部专家团队与内部人才队伍相辅相成，共同促进首都职工心理关爱服务工作的蓬勃发展。外部专家团队提供政策法规、工作论证、服务督导等专业支撑，科学引领工会心理服务工作发展方向；内部人才队伍深入职工，及时甄别各种心理危机，引导职工树立积极心态。

2. 职工心理疏导员的工作定位与职责

职工心理疏导员的工作定位是通过实施认知、情绪、行为等方面的影响策略，预防或减少职工在成长发展过程中的各类心理困惑和行为问题。具体工作职责如下：

（1）健康话题

在日常工作中，职工心理疏导员将心理专业知识融入传统工会工作中。例如，在组织文化活动、职工培训等方面，结合心理健康元素，增加活动的趣味性和教育性；在职工座谈会、集体活动中，适时引入心理健康话题，与职工进行交流和分享，帮助他们排解心理压力。同时，职工心理疏导员通过自身的言行感染职工，传递正能量价值观，引导职工以更健康、更积极的态度面对工作和生活中的各种挑战。

（2）问题识别

职工心理疏导员通过观察职工的情绪变化及异常行为，快速准确地对职工的心理状态进行科学评估，及时察觉职工之间的心理冲突。

（3）心理疏导

职工心理疏导员利用掌握的专业方法和技术，提升职工心理健康水平。职工遇到岗位变动、职位调整、家庭变故、人际冲突、突患大病等状况时情绪极易波动，此时，职工心理疏导员及时介入，稳定职工的情绪。提供心理疏导或心理咨询，帮助职工稳定情绪，化解冲突。

（4）危机应对

职工心理疏导员了解常见危机事件的表现特征，以应对在突发情况下职工可能面临的紧急心理困境。职工心理疏导员能够迅速响应，协调整合医疗、社会服务等多方资源，为职工提供紧急心理援助及科学有效的干预措施。另外，建立追踪服务和长期支持，了解特殊岗位职工的心理变化和服务进展。

（5）助力发展

面对新时代的发展要求，职工心理疏导员通过 EAP 的引入为职工个人成长及企业发展加持赋能，将心理服务工作与企业发展战略有机融合，通过帮助职工提升心理资本，激活动机活力，促进企业改革创新。

3. 人才队伍的建设培养

为尽快建立起一支心理素质过硬、服务意识到位、专业水平够高的工会系统心理服务人才队伍，不断深化职工心理关爱服务体系建设，北京市总工会开发设计专项心理培训课程，建立工会心理服务人才队伍培养体系。具体来讲，培养体系分三步走。

（1）第一步：明确职责

首都职工心理关爱服务人才队伍培养的核心对象为工会干部及“职工心灵驿站”管理员，培养的目的在于不断推动“职工心灵驿站”规范有效运行，促进首都职工心理关爱服务工作向纵深发展。因此，人才队伍培养的首要目标就是帮助工会干部和“职工心灵驿站”管理员明确自身职责。针对此目标，培训课程涉及职工心理服务体系建设、工会如何做好职工心理关爱服务工作、心理学在工会工作中的应用、“职工心灵驿站”的有效运行等内容，帮助工会干部及心灵驿站管理员了解首都工会职工心理关爱服务工作目标及内容，清晰自身工作要点和努力方向，引导他们树立强烈的责任感和服务意识。

（2）第二步：能力培养

工会干部明确服务职责后，人才队伍培养的第二步就是要提高他们的心理专业水平。针对此目标，北京市总工会面向工会干部及“职工心灵驿站”管理员组织开展为期 21 天的心理咨询师基础培训班，培训课程涉及心理学概论、社会心理学、发展心理学、心理健康与心理障碍、心理咨询概论等专业理论知识，以及咨询伦理、心理评估、咨询基本技能等专业操作技能，此项培训为中国科学院心理研究所认证培训，考核合格后由中国科学院心理研究所颁发《心理咨询师基础培训合格证书》。全面系统的课程内容，严格规范的考核体系，为培养专业水平过硬的工会心理服务人才队伍提供了重要保障。除此之外，每年组织开展职工心理危机识别与干预培训，帮助工会干部及“职工心灵驿站”了解职工心理危机干预的内涵、策略、原则、步骤等基本知识；初步掌握相关的专业技术方法；了解常见心理问题的急救措施。

（3）第三步：提供服务

培训的终极目标是学以致用。培训过后，通过引导工会干部及“职工心灵驿站”管理员将所学所思应用于实践中，加强与相关部门的协调与配合，将职工心理关爱工作与党建、工建、团建、企业文化建设等有效融合，结合相关单位职工心理健康状况与行业特点，定制符合本单位需求的职工心理服务，让职工焕发对工作与生活的热情，最终实现企业健康发展，职工综合素质和幸福感指数提升。同时，提供服务的过程也是工会干部能力再提升的过程。在关爱职工心理健康的实践过程中，北京市各级工会干部及“职工心灵驿站”管理员注重经验积累，不断反思和总结，尝试将不同领域的知识相结合，创新工作思路和方法，不断获得成长。

4. 人才队伍的管理使用

为了使培养的工会心理服务人才队伍用得

上、用得实、用得好，实现人才优化和能力提升，北京市总工会逐步建立健全心理服务人才队伍管理使用机制。通过合理的考核体系、科学的培养计划和积极的领导方式，有效管理工会心理人才队伍，为首都职工心理服务工作的可持续发展提供保障。具体机制如下：

（1）督导机制

督导机制旨在对培养对象在服务过程中进行监督和指导，具体方式为：

一是组建专家督导团队。根据培养目标，挑选一批专业且经验丰富的专家，组建工会系统心理服务人才队伍专家督导团队，为督导工作开展提供技术保障。

二是制订明确的督导计划。根据培养对象的职责和工作内容，制订具体的督导计划，明确督导流程与方式，包括定期组织召开督导会议、进行个案讨论、开展技能培训、普及法规政策等。

三是定期督导。按照一定的周期，对培养对象进行指导，建立畅通的反馈渠道，让团队成员可以定期评估和反馈服务情况。

（2）考核机制

考核机制旨在制定量化绩效指标，以便深入了解培养对象的潜力，对综合服务水平进行客观评估。具体方式为：

一是制定标准。明确多维度且切实可行的考核指标体系，包括任务绩效、能力提升、团队合作等，全面评估培养对象的综合水平。

二是定期考核。对培养对象工作开展情况及服务水平进行考察，确保考核的及时性和有效性。

三是建立考核反馈与指导。及时向培养对象反馈考核结果，指导培养对象制订个人发展计划，不断进行自我改进和提升。

（3）激励机制

激励机制旨在激发培养对象的工作积极性和创造力，提高培养对象的满意度和服务热情。具体方式为：

一是物质激励。通过推进考核结果与工会干部薪酬、晋升、职业发展等方面相结合，激发培养对象的工作积极性。

二是精神激励。通过定期组织召开表彰大

会、设置“年度优秀工作者”、“突出贡献奖”等荣誉称号、建立人才队伍专业等级体系等方式，激发培养对象的荣誉感和内驱力。

三是成长激励。通过为培养对象提供培训及学习资源，创造深入学习、技能提升、实操锻炼的机会，搭建个人成长平台。

（四）职工心理服务线上系统启动使用

1. 首都职工心理体验服务系统的功能

在心理关爱“云服务”探索方面，2015 年底，北京市总工会搭建完成了覆盖全市职工的“北京市职工心理体验服务系统”，职工只需凭身份证号或工会会员互助服务卡号登录，即可免费享受十余项线上心理服务，包括心理测评、心理减压、在线课堂、冥想训练等。服务板块内容也会根据职工需求的发展逐年进行升级完善；2017 年初，北京市总工会将网页端服务功能接入微信端，职工只需关注“首都职工心理发展”微信公众号，随时可以利用手机体验各项线上服务功能。截至 2023 年 7 月，系统服务职工超过 780 万人次，注册用户超过 78 万人。

目前移动端线上心理服务功能主要包括：

心理测评：为职工提供十余套专业通用量表，方便职工进行心理自检，了解自己的心理状况，做好自我调适。

测评报告：自动存档职工的测评报告，职工登录系统后可随时查看对比。

舒心音乐：十大类舒心音乐可自由选择，有效帮助职工舒缓情绪、疗愈身心。

心理训练：将心理知识融入动画视频，寓教于乐，不仅帮助职工了解心身训练方法，也为职工亲子教育提供有效工具。

心理减压：制作悦心、放松、冥想系列减压视频，为职工介绍实用减压技巧，帮助职工卸下压力、放松身心。

咨询预约：北京市总工会职工服务中心现场心理咨询预约通道，让职工通过预约能够与专业心理咨询师面对面沟通。

心理热线：7×24小时免费心理咨询热线，每时每刻呵护有需求的职工与家人，为职工提供安全、便捷的倾诉渠道。

在线课堂：收录心理健康促进、心理问题预防、积极心理开发等多类别心理知识课程，帮助职工利用业余时间提升自我，增强心理健康意识。

心灵重建：为有需求的职工群体提供灾后安全提示、灾后常见心理表现、灾后心理干预等专业支持，帮助职工重拾信心。

冥想训练：结合心理体验示范中心冥想训练，提供多主题心理冥想视频课程，帮助职工有针对性地调适身心，改善睡眠质量。

女性关爱：邀请心理专家结合女职工关注度高的主题开展线上讲堂，引领女职工关爱自我，提升幸福指数。

危机干预：帮助职工及组织科学应对危机事件，形成心理危机干预的科学流程。

心理资讯：通过图文形式帮助职工利用碎片时间学习心理学知识。

最新公告：第一时间更新北京市总工会心理服务资源政策，方便各级工会、企事业单位，以及广大职工随时查阅。

2. 首都职工心理大数据的使用

（1）职工电子心理档案的建立

建立职工电子心理档案，开展对职工的心态

预测、风险评估与研判，及时帮助职工发现自己面临的心理困扰，做到心理问题“早发现、早预防、早治疗”。“北京市职工心理体验服务系统”通过大数据系统对职工的情绪水平、社会功能以及心理危机状态进行动态评估。电子心理档案除用于为需要进一步心理干预与预警建议外，还可用于了解职工的心理特点、危机应对能力等隐形因素，为后续心理服务内容及方式改进提供参考。

目前受关注较高的心理测评问卷及量表包括：

第一，《首都职工心理健康状况调查问卷》：由北京市总工会统筹心理学专家，结合首都职工整体状况及特点制定。评估内容包括：生活满意度、应对方式、压力知觉及压力源、心理资本、焦虑及抑郁情绪、社会支持度、工作倦怠程度等，是全面评估职工心理健康状况的综合性调查问卷。

第二，《90 项症状自评量表（SCL-90）》：包括 90 个项目，协助受测者从感觉、情感、思维、意识、行为直至生活习惯、人际关系、饮食睡眠等方面进行自评。

第三,《压力自评量表(SSQ-53)》:压力是指由刺激引起的、伴有躯体机能以及心理活动改变的一种身心紧张状态。每个人对压力的感受不同,同样的事件对不同的人可能造成不同程度的压力。过度的压力会扰乱人的生理机制,引发心理行为问题。该测试能够帮助职工评估自身近一个月内所承受的压力水平,并根据测试结果提供压力管理策略建议。

第四,《焦虑自评测试(SAS)》:焦虑是指缺乏明显客观原因的内心不安或无根据的恐惧,是职工遇到某些挑战、困难或危险时出现的一种正常的情绪反应。焦虑自评量表帮助职工了解自己的焦虑主观感受,评估是否存在焦虑症状及焦虑症状的严重程度,并根据测试结果提供有针对性的建议。

第五,《抑郁自评测试(SDS)》:本测验用于衡量抑郁状态的轻重程度及其在干预治疗前后的变化。职工不受年龄、性别、经济状况等因素影响,适用于各种职业、文化阶层及年龄段的人群。

第六，《家庭功能评定量表（FAD）》：用以收集职工整个家庭系统各个方面的资料，简单有效地找到其家庭系统中潜在的问题。理论基础是“McMaster 家庭功能模式”，其所测定的家庭功能的范围与临床关系较密切，可帮助职工对家庭功能进行较为客观的评定。

（2）心理大数据的整体应用

在职工心理关爱大数据支持方面，利用“北京市职工心理体验服务系统”平台，定期通过系统平台中心理测评功能，选用适合的心理评估量表，组织职工开展心理健康体检。与此同时，在充分保护职工个人隐私的情况下，北京市总工会职工服务中心协助各级工会组织反馈心理健康测评整体分析报告，帮助各级工会动态掌握职工群体的心理状况与发展趋势，在科学评估的基础上，更加深入、精准地开展职工心理关爱服务工作。

3. 首都职工心理健康状况调查

（1）工作背景

为深入贯彻党的二十大报告关于“推进健康中国建设，重视心理健康和精神卫生”的要求，认真落实全国总工会、北京市委“加强职工心理服务”的相关工作部署，进一步促进对职工的人文关怀与心理疏导，维护职工的健康权益，构建和谐劳动关系，同时坚持以职工为中心的工作导向，推动实施市总工会职工心理关爱服务工作方案，北京市总工会职工服务中心以既往职工心理健康测评研究为参考，持续开展全市职工心理健康状况调查，结合历年职工心理服务工作成果进行综合对比，旨在科学、规范、全方位地把握全市职工心理健康状况，为不断深化职工心理关爱服务体系建设提供数据支持，促进首都职工心理关爱工作高质量发展。

（2）调查内容

调查主要涵盖以下六个方面的内容：

第一，心理健康状况：职工整体焦虑情绪水平、抑郁情绪水平以及其他精神心理症状。

第二，生活及工作状态：职工工作倦怠程度以及对生活整体满意程度。

第三，压力水平及压力源：职工的压力感知和压力来源。

第四，应对资源：职工面对压力的主要应对

方式、内在心理资本水平和外部社会支持。

第五，不同特征职工的心理健康状况：从性别、年龄段及教育程度等方面了解不同特征职工的心理健康、生活工作状态、压力水平、应对资源状况。

第六，历年职工心理健康状况变化趋势：通过与往年数据的比较，了解职工在上述各方面的发展变化，为后续工作指明方向。

（3）报告成果

北京市总工会职工服务中心在“坚持以职工为中心的工作导向”的服务理念下，以职工的需求为根本、服务先行，依据年度调研数据结果反馈，对后续工作提出优化提升建议。

三、专业社会资源支持

职工心理关爱是一项专业性较强的工作，寻求专业社会资源支持，是当前工会开展职工心理关爱工作的重要方式。在选择和寻找专业社会资源支持时，还需要多方位考量。

（一）职工心理服务的方式

关于职工心理服务，主要采取内外结合，以

内为主的原则，其主要有三种方式：

一是外部为主的模式，也就是几乎完全委托外部的心理服务企业、学术机构、社会组织等，由专业机构提供包括方案策划与设计、项目具体实施、效果评估等服务工作，工会主要负责资金支持和人员组织。这种方式的优点是专业性强、省心省力、能够较好地保护职工隐私。但这种方式最大的不足是项目的针对性、有效性不足。因为外部机构不能精准理解行业、企事业单位职工的具体工作性质与工作状态，也不能及时对职工队伍的组成进行细分，因而不能准确判断职工的主要压力源和痛点，准确设计心理服务的项目和内容。

二是内部为主的模式，也就是由单位内部自行聘任、训练或设置职工心理关爱服务人员，负责规划、评价、诊断、咨询、资源转介、危机处理等工作。这种模式适合单位组织成规模，职工队伍人数多的情况，可以单独设立部门或专人来从事这项工作。这种方式的优点是能准确理解单位和职工需求，在平衡好单位发展与职工需求的同时，设置较为有效的心理服务方式，也就是

“定制式”的项目设计与实施。其缺点是需要投入相当的人力和财力，人才培养周期较长，职工有隐私无法完全得到保护的顾虑，等等。

三是内外结合的模式，也就是除了在单位内部设立职工心理关爱服务的专业部门和人员之外，同时委托外部的专业服务机构，共同完成职工心理关爱工作。其中，内部人员负责规划职工心理健康课程，寻找、整合和评价外部心理服务机构与资源，指导职工心理关爱工作与企业文化建设、党建工作相互融合等。外部服务机构则以提供专业技术支持为主，包括与内部心理关爱负责人共同测评和分析职工心理状态与心理服务需求，设计职工心理关爱的整体方案，开展专业心理测评与分析、心理培训、心理咨询、团体心理辅导等工作。

工会开展职工心理关爱工作，最有效的模式是内外结合，以内为主。一方面内部培养人才，另一方面选择优秀专业的心理服务机构。北京市总工会始终提倡各级工会组织一方面不断加大职工心理关爱服务人才队伍培养力度；另一方面充分整合利用社会心理服务优质资源。

（二）职工心理服务机构的选择

选择专业权威的心理服务机构尤为重要，北京市总工会在评估心理服务机构时坚持以下几个方面：

（1）专业性要求。职工心理关爱工作是以心理学为支撑，通过心理学的方法解决职工工作生活中的困扰。因此，首先要考察服务机构核心团队成员的心理学背景，一定是经过科学和专业的心理学学习与训练的人员，以保证未来的项目设计和实施不跑偏、不走样。

（2）伦理性要求。心理学服务有严格的伦理要求，例如，要保护职工隐私，要避免双重关系，要保持价值中立，要职工知情同意等。在考察心理服务机构时，要重点关注伦理要求。

（3）全面性要求。建立职工心理服务的长效机制，对于心理服务机构全面性具有较高要求。具体表现为：一是能保证服务形式多样化，包括专业的心理测评，线上线下心理咨询，团体心理辅导，舞动、绘画、影视等艺术疗愈，心理培训，心理危机干预等，不仅能提供专业的方案，而且能保障专业的技术人员参与其中；二是不仅有心理学专业人才，还有管理学、组织行为学专业人才。在评估职工心理来源时，既能从职工层面分析压力来源，还能从组织层面分析压力来源，并提供解决方案；三是不仅有软件人才，还有硬件环境，包括丰富的专业人员储备，既有电话咨询的座席条件，又有心理服务的固定场所等。

（4）具有危机干预机制和条件。在心理服务的过程中，可能会遇到个别职工出现自杀、自残、伤人等危机事件的发生，需要快速反应，进行专业干预。

（5）价格合理。工会在选择心理服务机构时，也考虑到价值因素。既选择价值测算合理的机构，尽量节约成本，同时也避免有些机构为了压低成本，拿到项目后随意拼凑服务的情况。

（三）职工心理服务人员的要求

在选择职工心理服务人员时，注意对以下几类专业人员做好沟通：

（1）项目策划人员。他们负责职工心理关爱项目的策划和未来的组织实施。项目策划人员具有心理学、管理学背景，能从企业发展和职工个人双重角度，谋划职工心理关爱项目；他们还具有调查研究、分析判断和趋势预测能力，透过企业发展现状和职工心理状态分析和研判出问题所在，并且依此完善管理或心理服务的方案。

（2）职工心理咨询师。在选择驻场提供心理咨询的人员时，要求有心理学专业背景或专业训练，同时了解职场人群的心理状态，还要具备超过 500 小时的心理咨询时长。

（3）职工心理培训师。对这类心理专业人士的要求是能够将职工的心理困扰、压力来源等转化为职工听得懂的心理课程，换句话说，培训师要有良好的表达能力，可以深入浅出地讲授心理学知识。

（4）团体心理辅导师。团体心理辅导不同于心理培训和讨论，是通过体验和参与的方式，让职工调整自我，或相互支持。团体心理辅导师既要有团体心理辅导的策划能力，又要有一定的驾驭能力，能够带领成员共同学习和成长。

第四章

职工心理关爱服务的具体方案

在“四项服务内容体系”中，设计一个符合企事业单位和职工实际需求的具体内容方案是工作的重点和难点，也是很多工会干部特别想了解的。职工心理关爱服务的开展落实到每个企事业单位内部，发展出不同的形式与样貌。完善的职工心理关爱服务体系对于职工得到全面的心理支持至关重要。通过以下多方面展示，在一般情况下职工心理关爱服务体系的内容设计和实施路径可见一斑。

一、职工心理关爱服务需求调查

习近平总书记强调指出，调查研究是谋事之基、成事之道，没有调查就没有发言权，没有调查就没有决策权；正确的决策离不开调查研究，正确的贯彻落实同样也离不开调查研究；调查研究是获得真知灼见的源头活水，是做好工作的基本功。职工心理关爱服务工作的开展也是一样，需求分析是职工心理关爱服务流程的首要环节。

（一）调查内容

1. 组织需求

组织需求调研主要了解组织（单位）背景、现状，掌握组织文化特点，从组织发展的角度探索心理关爱服务的定位与目标，作为心理关爱服务体系设计宏观结构的重要参考依据。同时，组织需求调研还可从组织管理层角度，了解其对组织未来发展与职工发展的期待，更有利于设计服务的执行框架。

2. 职工需求

职工需求调研主要用于收集职工普遍数据指标及需求特点，包括工作满意度、心理健康状态、情绪压力状况及服务需求等，并以此为重要依据形成有效服务内容及干预对策。定期的职工调研既可帮助职工了解自己的心理健康水平，提高对自身心理健康的关注，同时也能让组织在总体上把握全体职工的心理健康状况，从而不断优化心理关爱服务的设计。

3. 资源分析

职工心理关爱服务科学规范、长效深入地开展，需要综合群众性、普惠性、公益性特点。因此，在调研分析阶段还需要对组织内开展职工心理关爱服务工作的各项资源进行分析梳理。具体包括：组织及领导支持度、场地设施及空间环境、心理专业服务资源、专用经费支持、内部人员队伍等。通过综合以上资源情况，统筹资源力量，才能找到最适合的项目开展路径。

（二）调查方式

进行心理服务调查可以采用多种方式，根据调查目的和受众的不同，选择适合的调查方式。职工心理关爱服务常用的调查方式如下：

（1）问卷调查：设计并发放调查问卷，通过让职工填写问题，收集意见、看法和经验。同时包括职工心理健康状况调查、工作满意度调查及心理服务需求调查等多项维度，通过数据回收和处理形成调查报告，为组织决策提供参考。

（2）面访调查：面对面的访谈方式，由访谈员与职工进行交流，通过结构化提纲梳理问题，引导受访职工回答、探讨。面访调查可以深入了解受调查者的观点和经历，获取更详细的信息。

（3）焦点小组讨论：组织职工进行小组集体讨论，有意识地结合调查目标，引导职工自由交流和分享意见。焦点小组讨论可以促进参与者之间的互动和碰撞，收集多样化的观点和意见。

（4）个案研究：深入研究职工个体的服务经历和效果，通过个别案例的分析和讨论，了解心理服务的效果和影响。

在进行心理服务调查时，需要注意保护职工的信息隐私和人身安全，确保调查过程符合法律及伦理要求。组织应根据调查结果，及时采取相应的改进措施。

二、职工心理关爱服务对象范围

企事业单位开展职工心理关爱服务一般覆盖全体职工，针对不同的职工群体形成不同的服务内容和解决方案，不同职工群体的范围参考如下：

（一）所有职工

每个职工都可能面临工作生活的心理压力和困扰，提供科普类的心理服务可以帮助大部分职工更好地应对工作和生活中的挑战，工会同时为职工提供可以自主学习和进行心理自助的专业渠道。

（二）管理层群体

提升企事业单位内部管理人员及领导干部的心理技能，有助于管理人员在工作岗位中以更科学的方式面对压力和挑战，更好地发挥领导力与组织才能。

（三）新入职群体

新职工可能会面临新环境适应、团队融合、情绪压力等方面的心理困境。为新职工提供专项心理支持，可以帮助他们尽快适应工作和团队，有效提高工作效率，增强团队凝聚力。

（四）特殊岗位职工群体

各企事业单位中有部分岗位职工可能面临更为特殊的压力来源，如销售人员、客服人员、夜班人员等。为这类职工群体提供专项心理支持，可以有效帮助他们缓解压力，抚平情绪，保持良好的工作状态。

（五）面临变革和调整的职工群体

当企事业单位内部面临组织结构调整、业务转型等变革时，这些变化可能会给相关职工带来不安和焦虑情绪。为受影响的职工群体提供专项心理服务，可以帮助他们适应变化，进而缓解组织管理压力。

三、职工心理关爱服务形式丰富

职工心理关爱服务的形式非常多样化，针对不同职工群体、不同心理问题提供个性化的心理服务。不同地区和不同机构根据当地实际情况采用不同的形式和方法。

（一）心理健康宣传教育

心理健康宣传教育贯穿整个职工心理关爱服务，依托各类宣传渠道及活动形式开展，其目的在于传递组织对职工的人文关怀，树立组织形象，加强组织和职工之间的连接，使职工了解职工心理关爱服务，打消顾虑。同时，提高职工对心理健康的了解和重视，普及科学专业的心理健康知识，也为职工提供了一个交流、分享心理困惑和解决方案的平台。

（二）心理测试与评估

职工心理关爱服务为职工提供心理测试和需求评估，包括如抑郁、焦虑、创伤后应激等多维度的心理健康测试，也包括对于心理服务需求的反馈。评估的具体内容和测评所用量表结合组织需求进行定制化设计。心理测试和评估有助于职工了解自身的心理状态，形成组织整体大数据报告，为后续心理服务工作的开展提供参考依据。

（三）心理团体辅导及体验拓展活动

职工心理关爱服务依托职工心理服务场地的相关设备和专业人员，开展正念冥想、心理宣泄、沙盘游戏、注意力训练、舞动疗愈、瑜伽、园艺疗愈等心理体验活动，结合工会原有的康乐活动，加入心理拓展的元素，使职工达到压力缓解和心灵疗愈的目的。

（四）心理健康讲座与培训

工会提供涵盖组织、职工、家庭等全方位的主题讲座，帮助职工提高心理健康水平和情绪压力管理技能，塑造阳光心态。培训计划及主题的选择可以根据职工和组织的个性化需求进行有针对性的定制，探讨职工关注度高的主题，确保课程内容服务于有需求的职工群体。

（五）心理咨询服务

专业心理咨询师或心理医生通过分析职工的心理状况、提供行为指导、释放情感压力等方式，帮助职工缓解心理困扰。

（六）心理支持小组

职工心理关爱服务根据职工的需要建立心理支持小组。例如，亲子关系提升小组、婚姻关系提升小组、压力管理小组、自我成长小组、恋爱交友技巧提升小组、和谐职场关系提升小组等，吸引有需要的职工参与。在这些小组中，职工可以分享彼此的心理问题、情感体验，共同探讨解决方案，相互支持鼓励，实现共同成长。

（七）心理危机干预

在个人或集体遭遇突发事件、情绪困扰或心理疾病等危机时，通过专业的干预手段和方法，提供及时的心理支持和帮助。为有需要的职工或团体提供安全倾诉环境、情绪调节应对策略、建立心理支持网络以及专业转介渠道等。危机干预体系建立需要专业的心理健康专家或心理咨询师的支持。

四、职工心理关爱服务实施执行

根据已制定的服务方案与进度安排，工会负责系统推进服务执行，并不断根据服务反馈进行调整与完善。职工心理关爱服务执行主要包括服务进度的安排与推进、服务过程中根据实际反馈及时进行的动态调整。在执行过程中，要注意以下几个方面：

（一）服务组织保障

职工心理关爱服务方案设计中需明确服务的组织保障，设立领导小组，明确心理服务项目管理方向；设立核心执行小组，确保工作实施开展有序；设立专业服务小组，统筹专业心理服务资源，并定期开展职工心理关爱服务工作座谈会，确保方案的有效推进。

（二）进度安排

服务进度安排可结合组织本年度工作计划与职工心理关爱服务方案制定。不同服务内容可交叉进行，增强职工对心理关爱服务项目的关注度与接受度。同时，根据各项服务内容的频率与次数，按照周度、月度、季度、年度推进心理关爱服务工作。

（三）动态调整

职工心理关爱服务执行过程中注意根据实际情况进行动态调整。例如居家办公期间，及时调整职工心理关爱服务的形式，将部分线下服务调整为线上服务。在服务推进过程中动态收集职工关于服务内容、形式、频次等需求反馈。

（四）总结评估

从组织的角度来看，为了保证职工心理关爱服务的有效运作和目标的实现，确保职工心理关爱服务的设计能够更好地满足组织和职工的需求，有必要对职工心理关爱服务进行评价。总结评估包括阶段性评估（如咨询评估、培训评估）和总体性评估（如组织评估、个人评估、使用率评估）。

评估层面主要包括：

（1）覆盖率：了解职工心理关爱服务在组织中的覆盖率以及在需要支持群体中的使用率。

（2）满意度：掌握心理服务实施过程是否达到职工满意的水平，包括职工心理关爱服务的内容和服务态度。

（3）个体效果：明确在心理关爱服务的影响下，是否真正达到解决问题、改变现状的效果。

（4）组织效果：判断职工心理关爱服务是否有助于组织的健康发展，是否促进组织内部的良性改变。

（5）收益评估：职工心理关爱服务作为一项长期福利项目，其开展的资金来源于组织本身。职工心理关爱服务带来的影响是否最终使组织的利润提升，将影响组织继续开展职工心理关爱服务项目的积极性。

总之，对服务过程中的有效做法与有待改善方面进行系统的总结，为后续职工心理关爱服务的开展提供重要的参考依据。

第五章

职工心理关爱服务的未来发展

未来，首都职工心理关爱服务工作将紧密结合首都发展战略、企事业单位发展要求和广大职工内在需求，搭建基层社会心理服务平台，建设完善区（产业）、企事业单位、街道（乡镇）三级服务体系，不断优化四项服务内容体系，涵盖的服务内容形式更加丰富多样，通过"3+4"的工作模式，推动职工心理关爱工作走深走实，不断取得实效。

一、面向未来的工会工作策略

（一）围绕中心，服务大局

围绕中心，服务大局。将职工心理关爱服务工作作为为首都社会建设高质量发展作贡献的一项重要工作；将职工心理关爱服务工作作为加强职工思想政治引领，引导职工听党话、跟党走的重要举措；将职工心理关爱服务工作作为工会工作创新与发展的载体，与单位党建、工建、团建、组织文化建设等有效融合，使职工心理关爱服务成为助力职工成长、促进组织发展、维护社会稳定的有效手段。

（二）需求导向，向前一步

以“需求导向，向前一步”为服务理念和要求，深入职工，扎根群众，及时掌握职工思想动态和心理状态；通过专业化的方法和手段，精准分析和把握职工心理特点与具体需求；积极加强与行政领导的沟通与反馈，及时解决困扰职工的现实问题；充分整合专业资源，科学制定工作方案，细化服务内容和工作措施，及时为职工提供情绪疏导、情感支持、危机干预等心理关爱服务。

（三）多措并举，人文关怀

加大对职工心理关爱服务工作的重视程度和投入力度，既注重营造以人为本的工作环境，又努力提升职工的心理素养；既充分利用工会组织的民主协商机制、诉求表达机制、联席会议机制等，解决职工急难愁盼的现实问题，又利用心理培训讲座、心理团体辅导、心理咨询等方法，提升职工的心理调适能力，切实把人文关怀和心理疏导作为工会工作的一项重要内容，帮助职工解决工作生活中的心理困扰，预防和减少心理问题行为的发生。

二、以需求为导向的精准服务

（一）持续加强职工心理关爱服务阵地建设

1. 因地制宜推进“职工心灵驿站”建设

引导各级工会组织将“职工心灵驿站”建设与职工之家、职工暖心驿站建设有机结合、相互补充，丰富功能、提质扩面。北京市各级工会组织秉承因地制宜、实用适用的原则，建设符合职工需求与组织特点，具备专业服务功能的心理服务场地，以硬件建设推动职工心理关爱工作的长效化。

2. 丰富拓展“职工心灵驿站”的服务功能

充分依托“职工心灵驿站”，根据职工需求，开展心理健康宣传、心理测评访谈、心理讲座培训、团体心理辅导、个体心理咨询、自助心理训练等形式多样、专业实用的心理服务内容，帮助职工缓解身心压力，实现自我成长，预防和化解心理危机的发生。

（二）积极推进职工心理关爱服务项目落地创新

1. 继续加强普惠心理服务资源建设

北京市总工会要继续加强普惠心理服务资源建设，为首都各级工会组织和工会会员提供便捷的、共享的心理服务。各级工会组织依托资源，快速开展职工心理关爱工作。充分利用市总工会普惠制的心理服务资源，提高服务职工的便捷性和有效性。利用免费心理科普服务，持续提升职工心理素养；利用心理服务网络平台，获取自助式的心理测评、心理干预、心理电影等十余项资源；利用免费心理咨询热线，获取 7×24 小时的电话心理咨询服务，为职工解决心理困扰；每星期二、星期四，向市工会会员及家属全天候免费提供现场心理咨询服务；结合实际，加大宣传力度，积极推广利用，让更多职工共享资源。

2. 继续深入开展职工心理关爱服务工作

北京市各级工会要继续推动心理健康知识普及工作，提高职工关注自我心理健康的意识；建立和完善职工心理健康评估机制，动态把握职工的心理状态与服务需求；开展针对性强的心理服务项目，提高职工调节情绪困扰与心理压力的能力，帮助职工建设积极心态；经常与职工开展谈心谈话，了解其思想动态与问题诉求，遇有职工出现家庭变故、岗位变动、人际矛盾、身心疾病等情况时，提供必要的心理支持和援助，帮助职工平稳渡过危机；加强与党政领导的沟通与协调，积极营造以人为本、关爱职工的组织环境；北京市各级工会在积极实践的基础上不断总结经验，深入探索创新心理关爱工作的方式方法。

（三）职工心理关爱服务人才队伍培养与利用社会优质资源相结合

1. 加强职工心理关爱服务人才队伍建设与培养

北京市各级工会结合工作需要，加大职工心理疏导员、职工心理关爱大使、职工心理辅导员等的培训力度。北京市总工会将继续面向各级工会，开展具备工会特色的专业心理培训服务，举办“职工心灵驿站”管理员培训、职工心理危机识别与干预培训、心理咨询师基础培训等专题培训，提高心理服务人才的专业能力；开设“心理关爱怎么做——工会大咖说”网络课堂，对各级工会开展职工心理关爱工作提供示范参考；上线“两新”组织从业人员心理网络微课堂，帮助“两新”组织从业人员提升心理资本。

2. 整合利用社会心理服务优质资源

在整合心理服务优质资源方面，北京市各级工会既要充分发挥外部团队的专业性和中立性，又要着眼内部实际，以确保服务的精准性和有效性。北京市总工会职工服务中心将根据各级工会实际需求，继续联动各方优质资源，搭建心理服务共享平台，不断完善职工心理关爱工作专家库、资源库建设，使职工切实享受到便捷、专业、有效的公益性心理关爱服务。

（四）定期开展职工心理健康体检与服务需求调查，加强新就业形态劳动者的心理关怀

1. 定期开展职工心理体验与追踪服务

北京市各级工会充分利用“北京市职工心理体验服务系统”平台，继续为广大职工提供专业便捷的自助式个体心理健康评估与个性化服务；定期利用系统平台中心理测评功能，选用适合的心理评估量表，组织职工开展心理健康体检。北京市总工会职工服务中心协助反馈心理健康测评

整体分析报告，帮助各级工会动态掌握职工群体的心理状况与发展趋势，在科学评估的基础上，更加深入、精准地开展职工心理关爱服务工作。

2. 加强对新就业形态劳动者的心理关怀

新就业形态劳动者是我国劳动者大军中不可缺少的重要组成部分，北京各级工会要加大对新就业形态劳动者的普惠服务力度，在提供各类物质支持及服务的同时，更要关心关爱新就业形态劳动者的身心健康。通过线上、线下相结合的方式，为广大新就业形态劳动者提供多样化互动式的心理关爱服务，帮助其调节压力、管理情绪、理性解决工作中的矛盾与冲突，建立良好的客户关系与人际关系，在紧张工作之余放松身心、焕发活力，充分感受工会组织及社会大家庭的温暖和关怀。

后 记

《“3+4”工作法：职工心理关爱的普惠化服务》是“中国工会创新工作法”丛书之一。

本书主要聚焦北京市总工会通过实施“3+4”工作法推动首都职工心理关爱普惠化服务的典型经验，为各级工会组织提供工作参考。在本书编写的过程中，写作团队参考了部分区总工会，北京经济技术开发区总工会，产业工会，局工会，集团、公司工会，高等院校工会及基层工会的相关工作案例，特向提供资料的单位表示感谢。参加本书编写的主要人员有刘桂萍、周娜、郝靖颖、杨梦頔，李刚、冯友莲、张晖对本书进行了统筹修改，王敬东负责了本书的审核工作，张良对本书进行了审定。由于编者水平有限，本书难免存在不足和疏漏之处，诚恳欢迎广大读者批评指正。

图书在版编目（CIP）数据

“3+4”工作法：职工心理关爱的普惠化服务 /
北京市总工会编著. —北京：中国工人出版社，2023.10
ISBN 978-7-5008-8260-2

Ⅰ. ①3… Ⅱ. ①北… Ⅲ. ①工会工作—研究—北京
Ⅳ. ①D412.81

中国国家版本馆CIP数据核字（2023）第174094号

“3+4”工作法：职工心理关爱的普惠化服务

出 版 人 董　宽
责任编辑 左　鹏
责任校对 张　彦
责任印制 栾征宇
出版发行 中国工人出版社
地　　址 北京市东城区鼓楼外大街45号　邮编：100120
网　　址 http://www.wp-china.com
电　　话 （010）62005043（总编室）
（010）62005039（印制管理中心）
（010）62382916（工会与劳动关系分社）
发行热线 （010）82029051　62383056
经　　销 各地书店
印　　刷 北京中科印刷有限公司
开　　本 787毫米×1092毫米　1/32
印　　张 4
字　　数 60千字
版　　次 2024年3月第1版　2024年3月第1次印刷
定　　价 38.00元

本书如有破损、缺页、装订错误，请与本社印制管理中心联系更换